Waldemar Sardaczuk

Christ sein —
ja bitte!

...aber biblisch!

Sinnvolles Leben durch klare Entscheidung

W0191584

Coproduktion

Literaturdienst des
Aktionskomitees für verfolgte Christen (AVC)
Postfach 12 66 · D-6478 Nidda 1
(Neue Postleitzahl 63659)

Leuchter-Verlag eG · Erzhausen

Gewidmet allen, die
unseren Herrn Jesus Christus
lieben
und sein Wort befolgen
wollen

Besonderer Dank gilt meinem Freund, Pastor
Kurt-Jürgen Gleichmann,
für die Mitarbeit an diesem Buch

4. Auflage 31.–50 000, April 1993

© 1988 by Literaturdienst AVC, D-6478 Nidda 1
Herausgeber: Leuchter-Verlag eG, D-6106 Erzhausen

ISBN 3-87482-138-2

Umschlaggestaltung: D. Illgen
Gesamtherstellung: Schönbach-Druck GmbH, D-6106 Erzhausen

INHALT

Zum Geleit

,,Christsein — biblisch'' ist eine Herausforderung. Ist diese heute überhaupt aktuell und berechtigt? Verlangt unsere Zeit nicht eine neue Art von Christsein?

Gewiß, eine Vielzahl von neuen ,,Christseins-Typen'' werden heute propagiert. Da gibt es die Politik-Christen, Öko-Christen, Sozial-Christen usw. Sie sind sehr rührig und aktiv. Daneben gibt es noch den breiten Strom der konservativen Namens- und Traditions-Christen. Diese sind wieder mehr passiv bis gleichgültig. Wahrlich, ein Supermarkt der Möglichkeiten — für jeden Geschmack und zu jedem Preis etwas! Brauchen wir bei diesem Angebot die Herausforderung zum biblischen Christsein? Ich möchte sagen: Dringender als je! Alle diese ,,Christentümer'' sind nicht in der Lage, einem Menschen die Gewißheit der Vergebung der Sünden, den Frieden Gottes, wirkliche Erlösung und eine totale Erneuerung seines Wesens zu geben, weil niemand durch sie zur persönlichen Verbindung mit dem lebendigen Gott und zur Erfahrung seiner Kraft kommt. Jesus starb nicht am Kreuz, um politische oder soziale Aktionen zu starten. Er starb, um Sünder zu erlösen und Menschen wieder in Gemeinschaft mit dem lebendigen Gott zu bringen!

Von diesem Christsein will das Buch Zeugnis ablegen — und dazu einladen. Es wird heute erfahren und kann gelebt werden! Nur dieses ,,Christsein — biblisch'' ist Evangelium, Frohe Botschaft.

Reinhold Ulonska, Präses

Warum dieses Buch?

Die Sache ist doch klar, meint man.

Bei rund 50 Millionen eingeschriebenen und überwiegend zahlenden Mitgliedern sollte das Christentum in unserem Land doch eine fest eingebürgerte Religion sein.

Dennoch wagen wir, die Frage zu stellen: Christ sein — was ist das?

Der geneigte Leser möge bitte einen Augenblick innehalten und sich testen: „Christ sein, ja, was ist das? Bin ich Christ? Wann wurde ich es? Welchen Unterschied gibt es zwischen Christen und Nichtchristen?"

Alles klar? Haben Sie für sich selbst die Antwort, haben Sie Argumente, andern Ihr Christsein zu erklären?

Ja?

Schade, daß ich Sie noch nie getroffen habe; denn bei meinen Umfragen bin ich vorwiegend traurigen Gestalten begegnet und bekam auf die Frage nach dem Christsein meistens zur Antwort: „Weiß ich nicht..."

Der Verfasser

Christ sein — was ist das?

Es ist kein Ostfriesenwitz, geschah aber in einer ostfriesischen Stadt. Dort stellte ich vorgestern mehreren Leuten die Frage: „Christ sein — was ist das?" Zwei junge Männer wurden verlegen; jeder ließ dem andern den Vortritt. Obwohl erst vor einem Jahr aus dem Konfirmandenunterricht entlassen, gaben sie zu: „Wissen wir nicht!"

Eine Frau am gleichen Ort antwortete spontan und offen: „Ich gehe zwar Sonntag für Sonntag zur Kirche und singe im Kirchenchor, aber das weiß ich nicht!" Erstaunt fragte ich: „Hat denn der Pastor nicht erklärt, was Christsein ist?" — „Nein, nie." Nun wurde ich persönlich: „Sind Sie selbst denn Christ?" Sie verneinte; um mich aber nicht ganz zu enttäuschen, gab sie noch einen Tip ab: „Beten, beten, beten!" Als ich zurückfragte, ob man denn auf Gebete eine Antwort bekäme, meinte sie: „Manchmal ja, manchmal nein."

Das war also auch wenig aufschlußreich.

Gut, ich habe auch noch andere Antworten gehört; doch meist waren es schwammige Aussagen wie „Leben

nach der Bergpredigt", „Halten der Zehn Gebote", „Gutes
tun" oder ähnliches.

Sind die Menschen der Dritten Welt gebildeter als wir?
In Afrika jedenfalls wurde mir die Frage überraschend
klar beantwortet, ebenso in Südamerika. Etwas Erfreu-
liches erlebte ich in Kenia, gleich hinter der Grenze zu
Uganda. Wir hatten gerade die Verteilung unserer Hilfsgü-
tersendung in Uganda organisiert. Ziemlich ausgehungert
steuerten wir das erstbeste Restaurant an. Der Kellner war
ein flotter schwarzer Bursche. Sein Service war exzellent,
und wir hatten Freude an ihm. Schließlich stellte ich auch
ihm die für alle Menschen so grundlegende Frage: „Bist
du ein Christ?" — „Jawohl", kam die spontane Antwort,
mit dem alles entscheidenden Zusatz: „Jesus Christus ist
mein Herr!" — „Gehörst du zu einer Gemeinde?" wollte
ich wissen. Wieder das klare „Ja!" und die Erwähnung einer Gemeinde, deren Glied er durch die persönliche Taufe
geworden war. Ich zog den jungen Kellner an meine Brust
und umarmte ihn dort im Restaurant. Wir freuten uns mit
dem eben entdeckten Glaubensbruder.

Ähnliche Erlebnisse mache ich weltweit. In Brasilien
habe ich mich fast darauf spezialisiert, Taxifahrer zu inter-
viewen. Auch hier kommt in der Regel eine klare Antwort, ein Ja oder Nein, verbunden mit einer präzisen Be-
gründung. — Selbst im Flugzeug, zwischen den Vereinig-
ten Staaten und Kanada, antwortete mir die Stewardeß:
„Ich war katholisch, habe mich bekehrt, bin nun ein Gotteskind und auch geistgetauft!" Freudig rief sie ihre Kollegin und stellte mich als Glaubensbruder vor. Dann bedau-
erte sie, daß im Flugzeug kein Raum für eine Gebetsstun-
de sei. Ich hätte sonst für die dritte Kollegin beten sollen.
Sie sei auch wiedergeborener Christ, aber noch nicht erfüllt mit dem Heiligen Geist. Vielleicht, so meinte sie
scherzhaft, seien wir ja hier über den Wolken dem
Himmel näher.

Zurück nach Europa.

Da muß ich eine Sache aus Berlin erzählen. Mit einer Gruppe junger Christen veranstalteten wir so etwas wie einen Gottesdienst im Freien. Passanten blieben stehen und hörten zu, andere lachten. Als ich eine kurze Ansprache hielt, wurde ich von einem Mann gestört, der immer wieder dazwischenrief: „Hörn'se uff mit dem lieben Jott, den jibt's nich! Die Bibel is'n Märchenbuch! Jesus hat nie jelebt! Die Pfaffen soll man uffhängen...!" Nun habe ich es nicht gern, wenn zwei auf einmal reden. Also ging ich zu ihm hin, faßte seine Hand und sagte: „Ich freue mich, mitten in Berlin einem echten Heiden die Hand schütteln zu können!" Da sprang mir der Mann beinahe an den Kragen. Empört rief er: „So'ne Beleidigung, ick globe, ick bin een besserer Christ als Ihnen!" Mir blieb nur übrig zu erklären: „Entschuldigen Sie, daß ich lache. Gott gibt es nicht, Jesus hat nie gelebt, die Bibel ist ein Märchenbuch, und die Pastoren sind Schwindler — so heißt Ihr Glaubensbekenntnis. Und dann glauben Sie, ein guter Christ zu sein?"

Da hatte ich also wieder einen Unwissenden, Besserwisser und schlußendlich Falschwisser.

Was Christsein noch nicht ist

1. Gutes tun. Der Berliner meinte, er täte Gutes, und deshalb sei er ein Christ. Doch »Gutes tun«, was immer man darunter versteht, ist noch kein Christsein. Auch Humanisten, Kommunisten, Atheisten und andere mehr sind oft fleißig in sozialer Gesinnung, Gerechtigkeitsempfinden und Sorge um Bedürftige oder in Not Geratene. Dies ist eine edle Einstellung und, wenn es sich tatsächlich um selbstlose Tätigkeiten handelt, sehr zu begrüßen. Trotzdem sind sie dadurch noch keine Christen. Ich sage das bewußt und auch im Interesse dieser Menschen. Sie selbst wären auch empört, wenn man sie »Christen« nennen würde.

2. Beten. Unsere Busreise ging von Amman nach Damaskus. Unterwegs gab es eine Pause. Dabei beobachtete ich, wie zwei Männer an der Bushaltestelle einen Pappkarton ausbreiteten, sich gegen die untergehende Sonne verneigten und beteten. Zum Glück war ich informiert, sonst wäre ich womöglich noch zu den Männern gegangen, hätte mitgebetet und sie als »Christen« angesprochen. Das hätte mir aber eher einen Satz heiße Ohren eingebracht; denn wenn diese Menschen beten, zeigen sie sich nur als strenggläubige Moslems, die gar nicht gut auf Christen zu sprechen sind.

Viele hunderte Millionen Menschen beten regelmäßig, eifrig, unter großen Anstrengungen, körperlichen Leiden wie Hungern, Selbstzüchtigung, Meditation und größter Opferbereitschaft. Das ist zwar ein nicht hoch genug anzusetzender Beweis, daß es einen Gott und die Sehnsucht nach ihm gibt, aber diese Beter sind noch nicht Christen! Überall in den alten Kulturvölkern betete man zu Göttern, Statuen und Dämonen, in den sogenannten Primitivreligionen zu Geistern, Ahnen und Götzen. Ja, in jedem Menschen steckt das Bedürfnis, sich hinzugeben, anzubeten, Schutz zu finden durch Gelübde, um irgendwelche „höheren Mächte" versöhnlich zu stimmen. Erstaunlich, wie auch der sogenannte moderne Zeitgenosse, gebildet, aufgeklärt und vielfältig versichert, voller Ängste steckt und von stupiden, leblosen Glücksbringern Hilfe erwartet — das ist auch »Beten«!

Daß in unserem Unterbewußtsein ein Ahnen Gottes schlummert, zeigt die Tatsache, daß die Menschen in Not oder Lebensgefahr intensiv nach Gott, Heiligen, Teufeln oder ihrer Mutter rufen. Wir erwarten also Hilfe von außerhalb, und beim glimpflichen Ausgang bekennen wir: »Glück gehabt!« und: »Noch mal gutgegangen!« oder danken es irgendwelchen guten Mächten.

Dennoch: Auch wenn man zu Gott, Jesus, Maria oder allen Heiligen zusammen ruft und offensichtliche Gebetserhörungen erlebt hat, so heißt das noch lange nicht, daß man Christ ist. Es zeigt höchstens, daß Gott in seiner Gnade, Langmut und Liebe gern in der Not helfen will. Viele aber erkennen das nicht und versäumen, sich Gott zuzuwenden. — Nein, Gebet ist zwar eine Voraussetzung, Christ zu werden, und eine wichtige Tätigkeit, wenn man's ist; doch Beten an sich kann ebensowenig zum Christen machen wie eine Schwalbe den Sommer macht.

Mehr zum Gebet etwas später.

3. Zur Kirche gehen. Niemand wird mir widersprechen, wenn ich behaupte, daß das Zur-Kirche-Gehen noch kein Christsein ist. Oft höre ich sogar den Protest: ,,Die am meisten in die Kirche rennen, sind die Schlimmsten, die haben es nötig!" Nein, der Kirchgang, egal, in welche Kirche man geht, macht noch nicht zum Christen. Allerdings, wenn jemand in eine richtige Kirche geht (eine richtige Kirche ist, wo die vollständige Bibel als Wort Gottes gepredigt und ausgelebt wird), wird er dort Hilfe empfangen, ein Christ zu werden.

4. Taufe. Die landläufige Taufe, wie sie beide Großkirchen millionenfach an unmündigen Babys und Kleinkindern vollziehen, ist der Bibel fremd und hat sich in der jahrhundertelangen Praxis als völlig unwirksam erwiesen. Es gibt keine andere Vereinigung oder Organisation in der Welt, die sich eine solche Mitgliedervereinnahmung erlaubt wie die Kirchen, wo unmündige Kleinkinder für ein Leben lang als zahlende Mitglieder in den Verband aufgenommen werden, ohne daß die Kirche eine entsprechende Gegenleistung erbringt. Doch von Generation zu Generation verharrt man weiter in dieser großen Lebenstäuschung, deren Resultat spätestens nach dem Tode präsentiert wird. — Nein, die Kindertaufe reicht nicht, den Menschen in den Himmel zu bringen. Darum heißt's schon jetzt aufgepaßt! Hier und heute kann man erkennen, ob ein Mensch durch diese kirchliche Handlung, »Sakrament« genannt, verwandelt wird, ob also aus einem Sünder und Heiden ein Christ geworden ist.

In Wahrheit sind die Worte und Handlungen der Kindertaufe trotz der ihnen zugeschriebenen Wirkung unbiblisch, ungöttlich und damit nutzlos. Eher liegen sie an der Grenze zur Magie. Ein Sakrament, so sagen nämlich die Kirchen, ist eine heilige Handlung, die ohne Dazutun des Handelnden oder Behandelten selig macht. Diese Formulierung werden viele Theologen zwar ablehnen, tatsächlich aber versprechen sie ihren Gläubigen gerade das.

Ich will es im Beispiel erläutern:

Ein Baby, das getauft wird, kann nicht glauben. Also ist der »Behandelte« ungläubig, weil unmündig in dem Sinne, daß er nicht zweifeln und nicht glauben kann. Trotzdem, so versichert die Kirche, ist dem Kind durch die Taufe alle Sünde vergeben. Ab dem dritten Jahrhundert der Kirchengeschichte hatte man den Begriff »Erbsünde« konstruiert. Diese »Erbsünde« ist das falsche Pferd, auf das man die ebenso falsche Kindertaufe sattelte. Die (Säuglings-)Taufe sollte die Erbsünde abwaschen. Hier ist der falsche Knopf, der auch die folgenden falsch knöpfen läßt! Die Bibel sagt nämlich deutlich (Hesekiel 18), daß der Sohn nicht die Schuld für die Sünde des Vaters zu tragen hat, und umgekehrt auch nicht. Niemand erbt von seinen Eltern die Sünden, für die er dann gar noch von Gott verdammt würde. (Etwas anderes ist, daß man durch Erbveranlagung schwerer oder leichter in gewisse Sünden gerät.) Ebenso kann auch niemand durch Wasser und Wort, ohne seinen eigenen Willensentschluß, von der Schuld befreit werden.

Doch weiter in der Sakramente-Erklärung: Nur zu oft ist es vorgekommen, daß Priester, Pastoren und solche, die die Sakramente handhaben (Sakramente »spenden«), dies unwürdig tun. Das heißt, derartige Amtsinhaber sind selbst ungläubig, leben in Unmoral oder ähnlichem, wofür sie sogar des Amtes enthoben werden müßten. Trotzdem behauptet die Kirche, die vollzogenen Sakramente seien gültig; es läge eben auch nicht am Glauben des »Handelnden«, sondern an der Handlung. Erinnern wir uns an die Sakramentenlehre: Ein Sakrament sei eine heilige Handlung, die ohne Zutun des Handelnden oder Behandelten die Seligkeit wirke. Wie wir sahen, ist dies jedoch unbiblisch; es ist eine gefährliche Täuschung und für das ewige Leben verhängnisvoll.

Fassen wir zusammen: Christ wird man nicht durch Kirchgang, Gutestun, Beten oder Taufe. Nicht mal durch den landläufigen »Glauben«. Viele meinen ja, es reicht, wenn sie an den lieben Gott glauben und einige christliche Fakten akzeptieren wie Liebe, Friede, Hoffnung, Weihnachten oder anderes Selbstgeschneidertes. Irrtum! Der Teufel glaubt auch an Gott, sagt die Bibel (Jakobus 2,19) — dennoch ist er alles andere als ein Christ. Warum sollten wir bei gleicher Leistung mehr sein?

Andererseits, echter Glaube hat tatsächlich entscheidende Bedeutung beim Christwerden. Damit kommen wir zur positiven Beantwortung der Frage.

Christsein hat zwangsläufig etwas mit Jesus Christus zu tun! Der Name »Christen« entstand außerhalb Israels, in Antiochia (Syrien). Dorthin kamen Jünger Jesu, die in Israel wegen ihres Glaubens verfolgt wurden. Überall erzählten sie von ihrem Glauben und ihrem Herrn, so auch in Antiochia. Hier predigten sie besonders den Griechen das Evangelium (Frohe Botschaft) von Jesus Christus. Diese hörten eifrig zu, viele wurden an die Frohe Botschaft gläubig und bekehrten sich zu dem Herrn Jesus. Sie gründeten eine Gemeinde, wo sie regelmäßig aus dem Wort Gottes unterwiesen wurden. Der ganze Alltag dieser Gläubigen wurde so stark vom Evangelium beeinflußt, daß sie anders redeten, dachten, handelten. Ja, ihr ganzes Leben bekam eine so neue Prägung, daß ihre Mitmenschen sich nur wundern konnten. Bald sprach man überall von dieser religiösen Gruppe und erfand für sie eine Bezeichnung, die sicher als Spottname gedacht war: »Christen«. Die Leute ahnten wohl kaum, daß dieser Name Weltgeschichte machen würde.

Wahrscheinlich war der Begriff »Christen« etwa so entstanden: Man unterhielt sich mal wieder über die Jesus-Leute. „Habt ihr schon gehört?" fragte jemand. „Da wurde doch dort drüben einer völlig gelähmt ins Haus getragen. Kurz darauf hat's einen Spektakel gegeben mit Jubelrufen wie ‚Halleluja' und ‚Gelobt sei der Herr Jesus!'. Etwas später kam der Betreffende selbst aus dem Haus und lief — ach, was sag' ich — hüpfte und sprang umher, wobei er seinen Gott laut pries!" — „Wo? Wann? Wie ist das passiert? Hast du es gesehen?" fragten die Zuhörer. Da ergriff ein anderer das Wort: „Nicht nur das ist passiert! Ich habe einen Nachbarn, der war völlig blind und ging auch dahin..." — „Wohin?" — „Ach, was weiß ich, auf jeden Fall, jetzt kann er klar sehen und immer nur noch von seinem Jesus Christus schwätzen! Aber damit nicht genug: Er geht in keinen Tempel mehr; unsere Götter bezeichnet er jetzt als tote Götzen, trinkt keinen mehr und weigert sich, unsere schönen Priesterinnen zu besuchen!" — „Ja, um alles in der Welt, wo passieren denn solche Sachen? Das will ich selber sehen!" rief ein Dazugekommener. „Wo, wo ist das?" — „Na, bei den ——, sag' schon, bei den... ‚Christen'!"

Da war er heraus, der neue Name! Ein Begriff war geprägt, der die Welt mit Freud und Leid erfüllen sollte...

Halten wir also fest: Der Name »Christen« kommt von »Christus«. Christen waren Menschen, die an Jesus Christus glaubten und so lebten, daß sie von ihren Zeitgenossen als christusähnlich erkannt wurden.

Spätestens jetzt muß der interessierte Leser das Neue Testament zu Rate ziehen. Das Neue Testament ist der zweite Teil der Bibel. Hier lesen Sie alles, was mit Christus und seinen Leuten zu tun hat. In der Apostelgeschichte, Kapitel 11, Verse 19-26, ist der Bericht zu finden, den ich soeben mit meinen Worten ausgemalt habe.

Christen sind Menschen, die unter der Autorität Jesu Christi leben. Sie sind eigentümlich, nämlich als Eigentum zugehörig zu Jesus Christus. Ihn haben sie zum Regenten ihres Lebens gemacht. Sie sind bereit und willens, so konsequent für Christus zu leben, wie die Bibel es lehrt, ja, wenn es sein soll, für ihn zu sterben.

Solche Menschen, sagen Sie, gibt es nicht oder kaum? Dann fangen Sie an, ein Christ zu sein, und Sie werden bald feststellen, daß es doch noch recht viele gibt, die es mit ihrem Glauben ernst meinen!

Warum sollte ich Christ sein?

Ist Ihnen diese Frage aus der Seele gesprochen? Warum Christ sein, wenn das so strapaziös ist, daß man seine Eigenständigkeit verliert? Warum Christ sein, wenn man immer einen Herrn fragen muß, was man tun und lassen soll? Ja, um alles in der Welt, sollte man sich in solche Abhängigkeit begeben?

Gut gefragt!

Ich will antworten, und zwar mit einem weiteren Erlebnis aus Berlin.

Wir waren dort zu einer Freizeit. Abends hatten wir Zeltgottesdienste. An einem Abend, nach Schluß der Veranstaltung, kam ein neugieriger junger Berliner vorbei: „Wat is'n hier los — 'n Bierzelt und schon leer? Oder is hier Zirkus?" — „Nein", erklärten wir, „das ist ein Missionszelt, wir haben hier Gottesdienste!" Da lachte er los: „Mann, wer globt'n heute noch an d'n lieben Jott?" — „Ich zum Beispiel", antwortete ich. Da wurde er lebhaft: „Hör uff mit Jott, den jibt et jar nich, nee, nee, ist nischt für mich!" So und ähnlich spottete er. „Kumpel", warf ich ein, „hörst du gerne Geschichten, darf ich dir eine erzählen?" — „Schieß los!" meinte er.

Ich begann: „Angenommen, du gehst hier an einem eurer Seen spazieren. Da, plötzlich — ein Schrei! Deutlich hörst du, wie einer ‚Hilfe, Hilfe!!‘ schreit. Wie ich dich einschätze, überlegst du nicht lange, sondern springst ins Wasser, um den Ertrinkenden zu retten. Dabei landest du so unglücklich, daß du dich ernsthaft verletzt, aber mit letzter Kraft gelingt es dir, den Mann zu retten...“

Der junge Berliner hörte aufmerksam zu.

Ich fuhr fort: „Du hast ihn also unter Einsatz deines Lebens gerettet. Der Mann rappelt sich auf, schüttelt sich das Wasser und Grünzeug aus den Kleidern und geht, ohne ein Wort zu sagen oder sich umzuschauen, seine Wege. Was würdest du von solch einem Menschen halten?“

Spontan rief der Berliner: „Mann, det wär'n Schwein!“ — „Det Schwein bist du!“ entgegnete ich ruhig. Er sprang mir keineswegs an die Gurgel, ich aber fuhr fort: „Deine Reaktion ist richtig — wer seinen Lebensretter so behandelt, ist wirklich schlimmer als ein Borstenvieh! Doch du selbst, was hast du eben über Jesus gesagt, und wie behandelst du ihn? Jesus hat tatsächlich sein Leben eingesetzt, um uns vom Verderben, der ewigen Verdammnis, zu retten. Damit wir nicht die Höllenqualen leiden müßten, erlitt Jesus den schändlichen, qualvollen Tod am Kreuz!“

Ohne gestört zu werden, redete ich weiter.

„Jesu Rücken war zerfurcht von einer schrecklichen Geißelung, sein Kopf zerstochen mit einer Dornenkrone. Unsagbare Schmerzen müssen das gewesen sein. Doch jetzt begann es erst! Auf den blutigen, zerfleischten Rücken legte man das rauhe, schwere Kreuz. Durch Mittagsglut und Feindesspott, bespuckt und angepöbelt, mußte er sich aus der Stadt schleppen, hinauf auf den Hügel Golgatha. Dort angekommen, riß man Jesus die Kleider vom Leib und legte ihn auf das römische Marterwerkzeug, das Kreuz. Mit wuchtigen Hammerschlägen wurden ihm zeltpflockgroße Nägel durch Hände und Füße getrieben. Die Phantasie reicht nicht, seine Schmerzen zu erahnen, als der festgenagelte Leib hochgezogen und das Kreuz in die Erde gerammt wurde."

„Und das alles", schloß ich, „nahm Jesus auf sich, obwohl er unschuldig war und selbst die ärgsten Gegner ihn keiner Sünde bezichtigen konnten. Warum tat er das? Er tat es, um die verlorene Menschheit zu retten — auch dich!"

Still und verlegen stand mein Berliner da. Aus einem Drauflosredenden war ein Hörender geworden...

Lieber Leser, schlagen Sie selbst mal die Passionsgeschichte auf, blättern Sie in den letzten Kapiteln von Matthäus, Markus, Lukas, Johannes! — Warum sollte ich Christ sein? lautet unsere Frage. Ich antworte für mich so: *„Ich bin Christ als Dank an meinen Lebensretter!"* Er, Christus, starb für mich — ich lebe für ihn. Dem Lebensretter zu danken, bedeutet, seine Rettung anzunehmen und für ihn zu leben.

Das ist aber nur eine Seite der Antwort. Weiter wäre zu sagen: Jesus ist nach seinem schmachvollen Kreuzestod nicht im Grab geblieben. Zwar war der Eingang zur Grabhöhle mit einem riesigen Stein versperrt, mit dem römischen Siegel verschlossen und von einer Soldatenmannschaft bewacht. Dennoch wurde Jesus am dritten Tag von Gott dem Vater auferweckt. Christus ist leibhaftig auferstanden! Die römischen Wächter waren bestürzt. Die trauernden Hinterbliebenen, die absolut nicht mit seiner Auferstehung rechneten, sahen ihn. Vierzig Tage zeigte er sich seinen Jüngern mit untrüglichen Beweisen seiner Auferstehung. Einmal waren mehr als 500 Männer zusammen, die ihn sahen. Das waren aber keine Momentbegegnungen oder kurze Erscheinungen. Nein, Jesus besuchte sie, obwohl die Türen fest verschlossen waren; er sprach mit ihnen und zeigte seine Wunden, einer durfte sogar seine Hand in die Seitenwunde legen. Mit andern Personen aß er Fisch, brach das Brot, war Begleiter auf einer längeren Wegstrecke.

Wirklich, Jesus lebt nach dem Tod!

Das bedeutet: Jesus Christus ist Herr über den Tod, ist stärker als die Todesmacht! Er ist Herr über alles!

Warum sollte ich Christ sein?

Christus ist der Herr über Leben und Tod, und ich will in Freundschaft mit ihm leben. Ja, wir dürfen Freunde dieses Herrn Jesus werden, wenn wir ihm unser Vertrauen schenken. Alle Herrlichkeit und Macht, die ihm gegeben ist im Himmel und auf Erden, setzt unser Herr Jesus Christus zum Schutz und zur Förderung seiner Nachfolger ein. Freundschaft mit Jesus, das heißt, einen Helfer zu haben, der liebevoll und mächtig unser Interesse vertritt.

Nicht verschweigen darf ich aber auch die Tatsache, daß jeder Mensch, ohne Christ zu sein, ewig verloren ist! Die Hölle ist kein Erziehungstrick, um kleinen Kindern bange zu machen. Hölle ist keine Erfindung von Pfaffen und Kirchen. Im Gegenteil, viele Theologen leugnen sogar die ewige Verdammnis; sie können es nicht mit Gottes Liebe vereinbaren, wenn es so etwas wie Verloren- und Verdammtsein gibt.

Doch wer seine Gedanken ein bißchen ordnet, der erkennt das unsagbare Leid Gottes wegen unserer Sünde. Ist es nicht die Sünde, die Leben zerstört? Und hat Gott nicht alles gegeben, um uns daraus zu erretten? Bietet er uns nicht in Christus die Vergebung an? Hat nicht der, der dieses am Kreuz erworbene Heil ausschlägt, selbst die Höllenverdammnis gewählt?

Niemand hat so dramatisch über die Hölle gesprochen wie Jesus. Keiner mahnt uns so eindringlich wie er, durch die enge Pforte der Umkehr zu gehen, weil es sonst keine Rettung gibt. Ja, Christus geht sogar so weit und rät, es sei besser, eine Hand oder ein Auge zu verlieren, wenn sie Ursachen zur Sünde sind, als ewig verlorenzugehen.

Ich bin also auch deshalb Christ, weil ich durch Christus vor der Hölle, dem ewigen Feuer, dem Verlorensein gerettet bin.

Wie wird man Christ?

Diese dringende Frage ergibt sich aus allem, was wir bisher besprochen haben. Wir haben gesehen, wie es in Antiochia war:

Erstens, sie hörten das Evangelium.

Zweitens, sie glaubten der Botschaft.

Drittens, sie bekehrten sich.

Ziehen wir aber noch eine frühere Begebenheit heran, nämlich das erste Pfingstereignis (Apostelgeschichte 2): Dort sind Tausende zusammengelaufen und erleben die Ausgießung des Heiligen Geistes. Sie sehen die geisterfüllten Jünger und hören, wie diese in nie erlernten Sprachen Gott preisen und durch wunderbare Eingebung befähigt sind, zu den Zuhörern aus etwa fünfzehn Ländern im jeweiligen Mutterdialekt zu reden. Anschließend hält Petrus seine erste große Predigt und erklärt: Jesus ist von den Toten auferstanden! Er lebt, wir haben ihn gesehen, gehört, mit Händen berührt . . .!

Wie war die Reaktion der Zuhörer?

Ein Teil von ihnen verhielt sich hochmütig: Schnell waren sie mit dieser Gottesstunde in ihrem Leben fertig und gingen spottend weg. Andere erkannten die Chance und fragten betroffen: „Was müssen wir tun . . .?"

Hier die Antwort des *Petrus:*

„Tut Buße!" (Das heißt: Ändert euren Sinn, bereut und bekennt eure Sünden, bittet um Vergebung!)

„Laßt euch taufen!"

„Empfangt den Heiligen Geist!"

Von katholischer Seite glaubt man ja, Petrus sei der erste Papst gewesen. (Dieses Thema steht hier nicht zur Behandlung. Doch zieht man in Betracht, wie unbiblisch und unchristlich manche seiner angeblichen Nachfolger gelebt haben, dann wird es bestätigt: Gott hat einen andern Stellvertreter Christi auf Erden eingesetzt, nämlich den Heiligen Geist.) Mit dem Heiligen Geist erfüllt, erklärt dieser Petrus, verbindlich für alle Menschen zu allen Zeiten und überall, wie man Christ wird:

✱ Buße (Kurswechsel)

✱ Glaube (Hingabe)

✱ Taufe (Treuebund)

Dies sind also die drei Dinge, die der Mensch tun kann, tun muß, um die Gnade Gottes wirksam werden zu lassen! (So hatte es auch Jesus selbst lehrmäßig zusammengefaßt: „Wer gläubig vertraut und sich taufen läßt, wird errettet werden!" Markus 16,16)

Später, als Petrus bei einem Ausländer, einem sogenannten Heiden, zum eigenen Erstaunen das gleiche rettende Wirken Gottes erlebt hat und sich deshalb vor seinen Landsleuten verantworten muß, weiß er sich nur mit etwa folgender Aussage zu rechtfertigen: „Diese Leute dort in Cäsarea haben Gott genauso erlebt, wie es bei uns ganz zu Anfang geschah!" (Apostelgeschichte 11,15. Lesen Sie bitte auch Apostelgeschichte 10,34-48 und 3,19-20!)

Paulus, der spätere Apostel Jesu Christi, gibt der ganzen Welt dieselbe Botschaft (Apostelgeschichte 17,30): „Gott gebietet allen Menschen überall, Buße zu tun . . .!"

Bald darauf, als man begann, die Geschichte und Lehre Jesu sowie der Apostel schriftlich festzuhalten, findet sich im *Brief an die Hebräer* (6. Kapitel) gleichfalls die Feststellung, daß zur Grundlehre von Christus folgendes gehört:

Buße von toten Werken — Glaube an Gott — Taufen (dazu Handauflegung, Totenauferstehung und ewiges Gericht).

Wie wird man also Christ, wie fängt man das an?

Wir fassen zusammen

Die Schritte sind wie folgt: Der einzelne Mensch kommt zu Gott, persönlich. Im Glauben, daß Gott da ist. In Reue über die Vergangenheit, über alle Schuld, Unreinigkeit, Gesetzlosigkeit und Übertretung. Er bittet Gott um Verzeihung, Erbarmen und Aufnahme und übergibt Jesus Christus sein Leben.

Jetzt wird's persönlich

Wenn Sie diese Schritte noch nicht gemacht haben — was hindert Sie, es jetzt zu tun?

❶ Am besten macht man es so, wie es Johannes, der Apostel Jesu, in seinem ersten Brief vorgeschlagen hat: „Wenn wir unsere Sünden bekennen, ist Gott treu und gerecht, daß er uns die Sünden vergibt und uns von allem Unrecht reinigt." (1. Johannes 1,9) — Lieber Leser, praktizieren Sie es doch jetzt einmal so! Finden Sie einen Platz, wo Sie allein und ungestört *beten, das heißt mit Gott reden* können. Reden Sie unverkrampft und von Herzen. Jesus Christus, Gottes Sohn, hat von seinem Vater alle Vollmachten (Matthäus 28,18). Wenden Sie sich an ihn, ehrfurchtsvoll, am besten auf Ihren Knien. Beten Sie etwa so:

„Herr Jesus Christus, ich komme jetzt zu Dir..." *(Wenn da noch Zweifel sind, ob es ihn überhaupt gibt, sagen Sie das ruhig, bitten Sie ihn aber, sich Ihnen zu offenbaren!) „... und verlasse mich darauf, daß Dein Wort wahr ist. Ich bitte Dich um Vergebung meiner Sünden..."* *(Nennen Sie namentlich alle Dinge, von denen Sie wissen, daß es ungerechte Taten, Worte und Gedanken waren. Wenn Sie diese ausgesprochen haben, beten Sie weiter:) „... Herr Jesus, vergib mir all die genannten Dinge. Vergib mir mein Leben ohne Dich. Ich sage mich in Deinem Namen los von der Sündenmacht Satans. Befreie mich und reinige mich durch Dein heiliges Blut, das Du am Kreuz für mich vergossen hast. Und gib mir bitte Deinen Heiligen Geist, er soll in meinem Herzen wohnen. Mein Gott, ich stelle mich jetzt unter Deine Herrschaft. Ich will Dir gehorsam dienen, nachfolgen, mit Dir leben.*

Lieber Herr Jesus, danke, daß Du mich mit Gott dem Vater versöhnt hast und ich durch Deinen Tod und Deine Auferstehung jetzt Gemeinschaft mit dem Vater im Himmel haben kann! Herr, ich vertraue Dir! Amen."

Lesen Sie aus dem ersten Johannesbrief, Kapitel 1, die Verse 5-9. Glauben Sie dem schriftlichen Versprechen Gottes, daß derjenige, der seine Sünden bekennt, augenblicklich Gottes Vergebung empfängt und gereinigt ist von aller Übertretung. Jetzt haben Sie nach der Bibel das Recht, sich Gottes Kind zu nennen und zu wissen, daß Sie zu Gott und seiner Familie gehören (Evangelium Johannes, Kapitel 1, Verse 11-14; 1. Petrusbrief 1,23; 1. Johannesbrief 3,1-2).

Von jetzt an dürfen Sie sich mit Recht »Christ« nennen; denn Sie gehören Christus an!

❷ Nach diesem persönlichen, privaten Erleben wird's auch öffentlich: *Bekennen Sie sich zu Christus.* Ab sofort und ohne Scham.

Wo Sie noch Beziehungen und Dinge mit Menschen in Ordnung zu bringen haben, also etwas begleichen und um Verzeihung bitten müssen, weil Sie jemanden übervorteilt haben (oder anderes), tun Sie die *Wiedergutmachung!* Bekennen Sie dabei Jesus.

❸ Der dritte Schritt kann schwieriger werden: *Suchen Sie Christen,* die die ganze Bibel glauben und praktizieren wollen. Sie können dem Autor oder dem Verlag schreiben. Wir werden bemüht sein, Sie in Verbindung mit Christen zu bringen, wo Sie den dritten Schritt tun können. Er bedeutet, *sich taufen zu lassen* und einer örtlichen, *biblischen Gemeinde* eingefügt zu werden (siehe Apostelgeschichte 2,39-47). Die Betonung liegt hier auf »biblisch«, weil leider viele Gemeinden Teile der Bibel ausklammern, so zum Beispiel Jüngerschaft und Mission oder Geistestaufe, Geistesgaben und die Kraft des Heiligen Geistes (Heilungen, Prophetie, Wunderwirkungen und ähnliches, siehe 1. Korintherbrief, Kapitel 12-14). Lassen Sie sich nicht beirren: Was Jesus seinerzeit auf Erden wirkte, ist auch heute erlebbar! Gottes Kraft nimmt ja nicht ab; er ist unbegrenzt derselbe in Macht und Lebendigkeit (Johannes 14,12!). Dagegen wird die Zeit für den Teufel bald abgelaufen sein und sein Urteil endgültig vollstreckt werden (Lukas 10,18; Offenbarung 12,7-12 und 20,1-3.11-15).

Was für eine Freude, wenn ein Baby geboren ist! Welch ein Jubeln, Krähen und Strampeln! — Dies gilt erst recht für die Freude, ein Gotteskind geworden zu sein und ewiges Leben zu haben.

Doch ein Baby ist Gefahren ausgesetzt, muß ernährt und gepflegt werden, wachsen und reifen. Ebenso wichtig ist es, daß der neugeborene Christ die geistlichen Voraussetzungen wahrnimmt, um als Jünger Jesu stark zu werden und in guten wie in bösen Tagen zu wachsen, zu reifen und ans Ziel zu kommen. Deshalb verspricht Jesus auch keine bequeme Reise. Vielmehr hat er den unmißverständlichen Auftrag gegeben, in aller Welt die Menschen, die die Frohe Botschaft annehmen, zu echten Jüngern zu machen: *„Lehret sie halten alles, was ich euch aufgetragen habe!"* (Matthäus 28,19-20).

Es folgen fünf grundlegende praktische Ratschläge. Für jeden Finger einen, zuerst die sogenannten »drei goldenen G«.

1. Gottes Wort (Bibel)

Lesen Sie täglich Gottes Wort als Nahrung für den »inneren Menschen«. Die Bibel gibt uns Weisung, Ermahnung, Ermutigung, Korrektur, Trost und Ausblick — sie ist eben Gottes »Liebesbrief« an die Menschheit! Obwohl sie an die ganze Welt gerichtet und mit Abstand der Bestseller unter allen Büchern ist, werden Sie erstaunt sein, wie persönlich Gott dadurch zu Ihnen redet. Entdecken Sie es!

2. Gebet

Beten ist nicht Sprüche aufsagen, sondern Reden und Hören! Sprechen Sie einfach mit Gott — so, wie Sie das Bedürfnis haben. Schütten Sie ihm Ihr Herz aus, lobpreisen und singen Sie ihm, bringen Sie ihm Ihre Bitten! Und lernen Sie auch, im Herzen auf Gottes Stimme zu hören.

3. Gemeinschaft

Die Familie Gottes (Gemeinde) schützt vor geistlicher Verwahrlosung. So ist der Gottesdienst keine lästige Pflicht, sondern freudige Gelegenheit, Gott und Mitchristen zu treffen, frohe Gemeinschaft, Ergänzung und Gottes Hilfe zu erleben!

4. Aktion

Werden Sie gleich aktiv! Helfen Sie mit, Ihren Fähigkeiten entsprechend, in Nachbarschaft, Beruf und Gemeinde das Evangelium von Jesus Christus auszuleben. Teilen Sie mit andern Ihre Talente. Setzen Sie Ihr Heim, Ihren Besitz, Ihre Zeit, Ihre Kraft ein, um sichtbar zu machen: Christen erleben und reden nicht nur von der Liebe Gottes; nein, als Kinder Gottes handeln sie wie ihr himmlischer Vater und helfen denen, die in Not und Bedürftigkeit sind.

5. Mission

»Gerettet sein gibt Rettersinn!« Dieser Satz stimmt. Ja, jeder gesunde Christ ist bemüht, so viele Menschen wie möglich für Christus zu gewinnen. Lassen Sie die Veränderung Ihres Lebens durch Gottes Kraft spürbar werden, bezeugen Sie den Mitmenschen die Botschaft von unserer Erlösung durch Jesus Christus!

Auch ich habe es so getan.

Die Zweigroschenherberge

Stationen einer Rettung

Gedanken zu einem Drama in sechs Versen
nach Lukas

Zum Überblick nennen wir zunächst die Orte und Handlungen, die Personen und ihre Darsteller:

Schriftgelehrter	Diskutieren über Religion
Jerusalem	Wohnort Gottes
Jericho	Verfluchter Ort
Reisender,	
der unter die Räuber fällt	Menschheit
Priester	Gesetz
Levit	Religion
Samariter	Jesus
Herberge	Gemeinde
Herbergsvater	Pastoren und Älteste
Erster Groschen	Wort Gottes
Zweiter Groschen	Heiliger Geist
Pflege	Heiligung

Der wiederkehrende
Samariter   Jesu Wiederkunft
Abholen   Entrückung

Und viele andere,
die indirekt bei dieser Geschichte mitwirken.

Keiner konnte so meisterhaft Geschichten erzählen wie
Jesus. Sie waren unterhaltsam, pfiffig und spannend, vor
allem aber lehrreich. Jesus verfolgte damit ein Ziel. Die
Geschichten sollten dem Zuhörer geistliche Wahrheit vor
Augen stellen. Durch alltägliche, lebensnahe oder tatsächlich geschehene Episoden vermittelte Jesus Lehrwahrhei-
ten, die Konsequenzen für die Ewigkeit haben. Lauschen
wir einmal auf eine solche Geschichte, wie sie uns ein
Zeitgenosse Jesu aus erster Hand aufgeschrieben hat.
    Der Schriftsteller heißt Dr. Lukas. Die Geschichte
findet sich im zehnten Kapitel seines »Lukas-Evange-
liums«[1].
    Was war der Auslöser dieser Geschichte?
    Ein Schriftgelehrter, heute würden wir ihn einen Theo-
logen nennen, wollte mit Jesus über die Frage diskutieren:
„Was muß ich tun, um das ewige Leben zu bekommen?"
Ein gutes Thema, auf das Jesus voll einging. Seine Antwort in Kurzform: „Du sollst Gott lieben und deinen
Nächsten wie dich selbst! Tue das, dann wirst du leben!«
    Der Theologe verstand und wollte sich mit der näch-
sten Frage aus der Affäre ziehen: „Wer ist mein Näch-
ster?" (Er hätte genausogut fragen können: Was ist
Liebe?) Darauf antwortete Jesus mit der Geschichte. Wir
wollen sie uns näher anschauen.

1   Verse 30-35

1

Da geht ein Mann auf Reisen, und zwar von Jerusalem
hinab nach Jericho. Diese Feststellung ist schon rein geo-
graphisch richtig; denn immer, wenn man von Jerusalem
weggeht, geht es bergab. Jerusalem liegt 760 Meter hoch
über dem Meeresspiegel, Jericho dagegen 250 Meter unter dem Meeresspiegel, in der Nähe des Toten Meeres, der
tiefstgelegenen Stelle der Erde. Unterwegs fällt er unter
die Räuber . . .

Jerusalem war der Ort, den Gott sich zum zweiten
Wohnsitz erwählt hatte, und zwar in einem Tempel, der
nach Gottes architektonischen Angaben gebaut wurde.
Nach der Fertigstellung hatte Gott auch die Bedingungen
genannt, die zu erfüllen waren, damit er dort wohne. Jerusalem war also die Stadt der Wohnung Gottes, und es war
ein großes Privileg, Bürger Jerusalems zu sein, die Gottesdienste im Tempel zu erleben und auch sonst alles, was
man nötig hatte, hier zu bekommen. — Trotzdem zog es
diesen Mann fort, weg von der Gegenwart Gottes, in die
Ferne. Sein Reiseziel war Jericho. Diese Stadt war ver-
flucht und zerstört worden; beim Wiederaufbau hatten
Menschen ihr Leben lassen müssen. Offensichtlich konnte
man aber in Jericho Geschäfte machen. Menschen hatten
sich trotz des Fluches dort niedergelassen, lebten ganz
passabel und wurden reich.

Diese zwei, drei Angaben über die Orte und die Tatsache des Hinabgehens geben uns das erste Stichwort für
eine geistliche Lektion:

Die Menschheit hat »Jerusalem«, die Stätte, wo Gott
wohnt und wo man Gemeinschaft mit ihm pflegt, verlassen und strebt hinab nach »Jericho«, zu dem Ort, wo man
angeblich das große Geschäft machen kann, wo das große
Leben zu finden sein soll. *Doch mit jedem, der sich von*

*Gott und der Gemeinschaft mit Gott abwendet, geht es
bergab.* Viele sogenannte Fortschritte sind es im wahren
Sinn des Wortes — fortschreitend in die Gottesferne und
damit ins Verderben. Auf diesem Weg fällt jeder früher
oder später irgendwo unter die Räuber. Er wird ausge-
raubt, verliert sein Handelsgut (Gesundheit, Fähigkeiten),
Kleidung (Würde), Reiseproviant (Hoffnung) und gar oft
das Leben. In unserem Fall läßt man ihn halbtot liegen,
und er beginnt auszubluten. Ein Ausblutender ist jemand,
der auf Raten stirbt, der qualvoll und schmerzhaft dahin-
vegetiert.

Der Masse um uns herum geht es so. Man sieht sie am
Wegesrand: liegengelassen, halbtot, zuckend, ausblutend,
unter ihnen viele junge Menschen. Bleich, freudlos und
leer verlieren sie die Kräfte ihres Lebens, verwelken in
den Discos, Spielhöllen, Bars und Shows, auf der Straße
und in den Parks. Es scheint, mit jedem Pulsschlag bräche
das Herz. Das gleiche wissen wir von vielen Haushalten,
Ehen und Familien. Scheinbar ohne jede Hoffnung auf
Abhilfe siechen sie dahin.

Ist das auch Ihre Situation, lieber Leser? Fühlen Sie
sich auch weggeworfen, liegengelassen, ausgenutzt und
vergessen? Fragen Sie sich, warum Sie überhaupt noch
vegetieren sollen? Wollen Sie sogar dem allen entfliehen,
indem Sie selbst Ihr Leben wegwerfen?

Nein, bitte nein! Hören Sie doch erst, was Jesus weiter
erzählt!

2

Die Geschichte scheint eine gute Wendung zu nehmen.
Dem Tatort, wo der Verblutende liegt, nähern sich hinter-
einander zwei Personen, Männer, die von Amts wegen
helfen müssen. Der erste ist ein Priester, Vertreter des

34

Gesetzes, der zweite ein Levit, Vertreter der Religion. Jetzt muß doch alles gut ausgehen! Aber wie tragisch für den Verblutenden: Beide gehen vorüber, ungerührt oder unwillig, ihm zu helfen. Wahrscheinlich sind sie zu sehr mit sich selbst beschäftigt oder ängstlich auf das eigene Wohlergehen bedacht. Sie kommen nämlich den gleichen Weg herab.

Steht nicht auch dem Elend unserer Welt ein großes Heer von staatlichen, kommunalen und kirchlichen Hilfsorganisationen gegenüber, die alle von Amts wegen helfen müßten, die im voraus für ihre Bereitschaft zur Hilfeleistung besoldet werden und ihre Aufwendungen reichlich vergütet bekommen? Und doch sind da die Millionen, die durch Alkohol und Drogen, Sex und Gewalt, aber auch durch Kälte und Lieblosigkeit, Treuebruch, Lüge und Heuchelei verbluten, also durch die Sünde verfaulen. *Wir sehen, daß auch Gesetz und Religion nicht imstande sind, den Verlorenen zu retten.*

Doch damit kommt die Geschichte zu ihrem Höhepunkt: Auch wenn Priester und Levit vorübergehen — einen gibt es, der keinen Menschen hoffnungs- und hilflos verbluten läßt . . .

3

Dem Überfallenen naht ein Reisender. Es ist ein verachteter Samariter, von dem man nichts erwartet oder erhofft. Doch gerade von diesem unbekannten, abgelehnten Samariter kommt die Rettung. Er hat Erbarmen. Wortlos steigt er von seinem Reittier. Ohne Vorwürfe. Liebevoll wäscht er dem Schwerverletzten die Wunden, gibt ihm ein schmerzstillendes Mittel und verbindet ihn. Mit Sicherheit hat er ihm auch einen belebenden Trank gereicht. Und dann? Tröstet er ihn und verschwindet mit freund-

35

lichen Ratschlägen, da er ja wenigstens Erste Hilfe gelei-
stet hat? Nein, nicht so der Samariter! Er hebt ihn auf,
setzt ihn auf seinen Esel, läuft selbst nebenher und führt
ihn zur nächsten erreichbaren Herberge. — So sieht seine
»Erste Hilfe« aus.

Und die geistliche Bedeutung?

Der Samariter als Retter — er ist ein Bild auf Jesus. Nur
wenige trauen ihm zu, daß er wirklich eingreifen kann.
Doch er kann und will! Zunächst einmal möchte uns Jesus
von der Straße weghaben, aus der Gefahrenzone entfernen. Es gibt so viele Straßenmenschen, die noch umher-
irren, ohne Heim und Heimat. Doch wer sich von Jesus
behandeln und helfen läßt, erlebt, daß er von der Straße
geholt wird. Zunächst jedoch stoppt Jesus das Ausbluten;
dann will er unsere Schmerzen lindern und seinen erfri-
schenden Lebenstrank geben.

Ja, es ist Jesus und nur Jesus, der heraushelfen kann.
Rufe gerade jetzt den Herrn Jesus an! Er kommt, um dich
von deinen Sünden völlig zu reinigen und vom ewigen Tod
zu retten. Dabei heißt die »Erste Hilfe«: Bekehrung, Sündenvergebung, Wiedergeburt.

Aber nach der Ersten Hilfe muß es weitergehen.

4

Ebensonötig brauchst du dann eine Herberge, eine Heimat, ein geistliches Zuhause! *Die Herberge ist ein Bild auf
die Gemeinde Jesu Christi.* Der mit der Ersten Hilfe Ver-
sorgte wurde in die Herberge gebracht. Dort begann seine
Pflege. Genauso braucht jeder Bekehrte und Wiedergebo-
rene eine Gemeinde. Gläubiges Christsein ohne verbindliche Zugehörigkeit zur biblischen Gemeinde kennt die
Heilige Schrift nicht. Jesus hat gesagt: „Ich will meine

Gemeinde bauen, und die Pforten der Hölle werden ihr nicht widerstehen!"[2]

Wir wissen um die Wut des Teufels und seinen Haß gegen die Gemeinde und die Gemeinschaft der Gläubigen. In Zeiten der Christenverfolgung legt er es immer zuerst darauf an, die Gemeinde Jesu zu zerstören. Und wenn die Gemeinde einmal Zeiten der Ruhe und Religionsfreiheit erlebt, greift Satan zu anderen Tricks, um die Gläubigen von der Gemeinschaft fernzuhalten. Diese Gemeinde Jesu ist nicht Gebäude, Lokalität oder nur Organisation, sondern die lebendige, verbindliche Gemeinschaft von Menschen, die sich um ihren Retter und Herrn Jesus Christus zusammenfinden, um sein Wort zu hören und zu tun.

Jesus selbst zeigt uns im Handeln des barmherzigen Samariters, daß seine Geretteten zur vollen Gesundung notwendig eine Herberge brauchen. Und auch zur Pflege macht er grundlegende Aussagen, die wir untersuchen wollen.

5

Nachdem der Samariter zunächst selbst den Verwundeten gepflegt hat, überträgt er dem Herbergsvater die Verantwortung für die Weiterpflege. Aber der Herbergsvater bekommt nicht nur die Verantwortung, sondern er wird auch ausgerüstet, um den Neuankömmling zu pflegen. Zwei »Groschen« (Denare) erhält er, und diese zwei Groschen soll er einsetzen zur Pflege und Gesundung des neuen, ihm anvertrauten Mitbewohners.

Auch diese zwei »Groschen« haben eine geistliche Bedeutung.

2   Matthäus 16,18

Der eine Groschen ist das Wort Gottes! Der Herbergsvater hat kein Recht, einen einzigen Pfennig zu unterschlagen, zurückzubehalten oder zu vergeuden. Der ganze Groschen ist für die Pflege notwendig! Das heißt, wir brauchen Gemeinden und Prediger, die das ganze Wort Gottes verkündigen und lehren, Altes und Neues Testament in der Vollbedeutung von Bedingung und Verheißung. Gesunde Christen gibt es nur durch die Vollkost des ganzen Wortes Gottes! Jeder Prediger, der Gottes Wort nur teilweise predigt, begeht die Sünde der Unterschlagung. Das Resultat sind schwache, kranke Gläubige. Damit die Gemeinde gesundet, brauchen wir das volle Evangelium, bis zum letzten Pfennig.

Dies beginnt mit dem Anspruch, daß sich jeder unter die Herrschaft Christi stellt. Durch Buße (Gesinnungsänderung) müssen wir uns ständig erneuern lassen. Unsere Bekehrung bedeutet Abkehr von Sünde und Hinkehr zu Gott. Dann soll die biblische Glaubenstaufe erfolgen, die unbedingt zum Glaubensgehorsam gehört. Das Geschenk der Erfüllung mit dem Heiligen Geist ist jedem zugesagt. Die Verheißungen Gottes ermutigen uns zum Glauben. Aber auch das Wort der Ermahnung brauchen wir, die klare Predigt über Reinigung und Heiligung (Hingabe), damit jeder die persönliche Bereitschaft zum Gehorsam in der Nachfolge Jesu zeigt. Die geistliche Nahrung aus dem Wort Gottes muß den Gemeindegliedern reichlich serviert werden — das gibt Gesundheit und Wachstum!

Wie es ohne diese Versorgung mit dem Wort Gottes geht, sagt uns der Zustand der Welt: Die Menschheit taumelt orientierungslos durch die Strömungen der widersprüchlichen Ideologien, Philosophien und Religionen. Sogar die Gesetze werden immer wieder verändert, wenn die Masse sie nicht mehr beachtet. Die Niedrigkeit der Gier wird zum Maßstab von Gut und Böse. Das Individuum und freche Minderheiten diktieren, was Anstand, Moral, Mode und Chic ist. Die Sünde wird durch Neubenennung akzeptabel gemacht und toleriert. Liebe, Vertrauen, Gehorsam, Treue bezeichnet man als Zwang und die Sünde als Freiheit. Wenn nur diese sogenannte »Freiheit« vor den Karren gespannt wird, ist das Feld schnell gewonnen — wer wagt denn schon, gegen Freiheit zu sein? Aus »nackt« wird dann »textilfrei«, aus Unzucht »freie Liebe«, und sogar der Selbstmord wird zum »Freitod«. Bei Ehebruch oder wilder Ehe redet man vom »Lebenspartner«, und schon scheint alles wohlgeregelt, so daß der Staat diesen Nichtverheirateten sogar noch ehegleiche Steuer- und Sozialrechte gewähren soll. Den Säufer oder Fresser gibt es auch nicht mehr, bestenfalls den Alkoholiker, und selbst das ist noch zu hart, also heißt es jetzt nur noch »Alkoholkranker«. Statt bei »Aids« konsequenterweise Enthaltsamkeit und Treue zu fordern und zu fördern, verschreibt man den Virusträgern Kondome, als wenn einem Krebskranken ein Heftpflaster helfen könnte.

Wie kamen wir denn in dieses Desaster?

Dem Teufel gelang es, mit der sogenannten »liberalen Theologie« als Helfershelfer, weiten Teilen der Christenheit und damit der Welt die Bibel zu rauben! Die Bibel ist und bleibt aber der Maßstab von Recht und Wahrheit. Die Bibel ist der Kompaß, um Standort und Richtung zu wissen. Sie ist die Landkarte durch den Wirrwarr moderner, wurmstichiger, oft animalischer Verirrungen und verschmutzter Gehirnprodukte in der sogenannten »Kunst«, in Film und Funk, Theater, Literatur und Musik. — Hier liegt die Ursache, warum unsere Generation verblutet, halbtot am Wegesrand dahinsiecht. Wir müssen in die Herberge, zurück zur biblischen Gemeinde, die den Reichtum des »Groschens« hat und nutzt, die Fülle biblischer Belehrung, Grundlage und Orientierung. Jawohl, der eine Groschen, das Wort Gottes, ist: ✳ Brot des Lebens! ✳ Frisches Wasser zum Trinken! ✳ Vollbad der Reinigung! ✳ Lautere Milch zur zarten Ernährung! ✳ Süßer Honig für bittere Stunden! ✳ Feste Speise zum frohen Schaffen! ✳ Heilender Balsam zur Pflege und Belebung! Gottes Wort ist: ✳ Zum Schutz das Schwert. ✳ Zur Nachfolge das Licht. ✳ Zum Bauen die Zeichnung. ✳ Zur Arbeit der Hammer. ✳ Zum Singen und Loben das Textbuch. ✳ Zum Komponieren das Thema. ✳ Zum Malen das Motiv . . . O, welche Tiefe unaussprechlichen Reichtums ist der »Groschen« des ganzen Wortes Gottes, mit Poesie, Harmonie, Geschichte, Prophetie, Gesetz und Lehre, Licht und Leben, Liebeslied und Totenklage, Gericht und Freispruch!

An dieser Stelle ein Wort an dich, lieber »Herbergsvater«, der du diese Zeilen liest: Laß Phantasie und Liebe die Gewürze sein, wenn du deine Mitbewohner verpflegst. Verhindere, daß dünner, immer wiederkehrender Eintopf der Einfallslosigkeit von deiner Kanzel serviert wird. Laß jede Mahlzeit ein Festmenü mit Überraschungen sein, vor allem immer voll Gesundheit und Schönheit — vergiß nicht, du hast einen Groschen bekommen! Lege hierbei nie einen Pfennig beiseite, spare nicht, laß das Wort Gottes reichlich unter euch wohnen!

Der andere Groschen ist der Heilige Geist! Der Heilige Geist ist eine Person, eine Gabe Gottes an die gesamte Gemeinde, ja, die dritte Person der Gottheit selbst. Als Jesus die Erde verließ und zum Vater zurückging, sandte er an seiner Statt den Heiligen Geist als Anwalt und Beistand in seine mit seinem eigenen Blut erkaufte Gemeinde. Der Heilige Geist ist letztlich auch der Autor der Bibel und daher unerläßlich bei der Handhabung des Wortes Gottes. Wir brauchen den Heiligen Geist zur Pflege und Gesundung der Geretteten! Nur wenn der Herbergsvater auch diesen zweiten Groschen bis zum letzten Pfennig einsetzt, ist die Garantie für eine erfolgreiche Behandlung gegeben. Pastoren, Prediger, Hirten, Lehrer, Evangelisten, Älteste — so und ähnlich heißen heute die Titel in unseren Gemeinden. Es geht aber nicht um Amt und Würde, sondern um Aufgaben und Dienste, die der himmlische Samariter, Jesus Christus, seinem gesamten Gemeindepersonal anvertraut hat. Dazu ist der Heilige Geist notwendig. Ohne ihn ist das gepredigte Wort nur toter Buchstabe, sind Gesänge und andere Aktivitäten nur Formalismen ohne heilende Wirkung. Doch mit dem Heiligen Geist geschieht unter Gebet, aus der Gemeinschaft mit Gott heraus, eine Art Befruchtung: Gottes Geist benutzt das geschriebene, für alle Zeiten verbindliche Wort und macht es lebendig, so daß der einzelne persönlich, privat und bis ins Verborgenste angesprochen wird.

Kürzlich erlebte ich nach einem Vortrag, daß ein Mann auf mich zukam und mir die seltsame Frage stellte: „Sind Sie Hellseher?" Irritiert fragte ich zurück: „Wie kommen Sie darauf?" — „Sie haben genau meine Situation erzählt...!" Tränen liefen ihm über die Wangen. Er war zum ersten Mal in solch einer Veranstaltung der Geschäftsleute des vollen Evangeliums, und ich befand mich erstmalig in dieser Stadt. Doch der Heilige Geist hatte meinen Vortrag vor der ziemlich großen Versammlung zu einer direkten Offenbarung für diesen Mann und seine Situation gemacht. Für ihn war es eine starke, persönliche Gotteserfahrung von großer Wichtigkeit.

Dies ist nur eines von vielen Beispielen für die gemeinsame Wirkung der zwei »Groschen« Wort und Geist.

Der Heilige Geist zeigt aber auch Jesus als das Lamm Gottes, das für uns sein Blut vergossen hat, um uns zu erlösen. Der Heilige Geist schafft die Wiedergeburt, die Heilsgewißheit, die Heiligung (geistliche Charakterbildung) und die Geistestaufe (Geisterfüllung) als Zurüstung mit Kraft zum standhaften, überwindenden Christenleben und Zeugendienst. Wer vertrauensvoll darum betet, wird mit den biblischen Gaben des Heiligen Geistes[3] beschenkt und lernt, in der Nachfolge zu wachsen, so daß vielfältige Frucht des Heiligen Geistes (Liebe, Freude, Friede, Geduld, Freundlichkeit und mehr)[4] offenbar wird.

Jeder Gläubige hat ein Recht auf eine »Zwei-Groschen-Behandlung«, das ganze Wort Gottes und die ganze Fülle und Lebendigkeit des Heiligen Geistes. Den Gaben und Wirkungen des Heiligen Geistes müssen wir im Herzen und in der Gemeinde Raum und Zeit geben. Weil sie von Gott sind, sind sie auch alle notwendig, zum Beispiel Prophetie, Sprachenreden, Sprachenauslegung, Krankenheilung. Wenn der Herbergsvater das ganze Wort Gottes unverfälscht austeilt und man dem Heiligen Geist Leitung und Freiheit gibt, wird die Herberge kein Kranken- oder Siechenhaus sein, sondern ein Ort der Gesundheit, ein Jungbrunnen, ein Haus der Offenheit und Freude, des Friedens und der gegenseitigen Fürsorge. In Harmonie heilen die Verletzungen. Erinnerungen an böse Tage verschwinden. Mit Freuden sehnt man die Rückkehr des »Samariters« Jesus herbei. Und damit sind wir bei einem letzten, entscheidenden Punkt.

6

Ja, dieser Jesus kommt wieder. Welch eine Botschaft des Trostes, der Freude und Ermutigung! Aus diesem Grunde will der einst Halbtote, Verwundete seinem Retter nicht

3   1. Korinther 12/14
4   Galater 5,22

verbunden und an Krücken entgegenhumpeln, sondern freudestrahlend, entzückt, jubelnd entgegenspringen: „Danke, ich bin heil und gesund, und jetzt gehe ich mit dir, um für ewig bei dir zu sein!" Genau das ist die Aufgabe der Gemeinde: Menschen gesundzupflegen und auf die Wiederkunft Jesu *vorzubereiten*.

Noch einmal: Der Mensch gehört in die Gemeinde, eine Lokalgemeinde, ein geistliches Zuhause. *Es gibt dort auch Aufgaben und Dienste.* Wie im Krankenhaus, wo die weniger Kranken den Schwerkranken und Neuoperierten helfen und nicht warten, bis das Pflegepersonal kommt. Die Geschichte vom Samariter betont diesen Aspekt nicht. Aber der Gläubige wird bald mehr aus Gottes Wort erfahren und lernen, so daß er nicht passiv und faul die Wiederkunft Jesu verschläft, sondern nach seiner Genesung Aufgaben empfängt, um selbst Samariterdienste zu tun. (Darüber mehr im Kapitel »Schone dich. . .!« dieses Buches.)

Unsere tragisch beginnende Geschichte hat also ihr »Happy-End«, das glückliche Ende. Das heißt, nein, eigentlich nicht. Denn obwohl alles noch sehr gut wird, endet es doch nicht. Die Geschichte hat einen offenen Schluß: das Warten der Gesundgepflegten auf die Rückkehr ihres Lebensretters. Genau diese herrliche Hoffnung haben die Glieder der Gemeinde Jesu Christi: Unser Lebensretter, der uns aus Verderben und Tod erlöst hat, kommt zurück, er will nach uns sehen und uns abholen![5]

Und da ist auch noch das schöne Versprechen an den Herbergsvater . . . Also, Herbergsvater, laß dir die Mühe nicht zuviel werden und seufze nicht über die Patienten! Gewiß, manche sind nicht nur krank, sondern auch noch schwierig. Diene ihnen mit Wort und Geist! Und was du mehr brauchst an Ausdauer, Liebe, Geduld (obwohl es

5   1. Thessalonicher 4,13-18; vgl. Epheser 5,32; 3,3-13; Offenbarung 10,7

schon im Groschen des Heiligen Geistes enthalten ist), bekommst du reichlich erstattet. Er, unser Heiland, kommt auch zu dir als reichlicher Vergelter!

Und du, lieber Neubekehrter, mach dem Herbergsvater keine unnötige Mühe! Sorge dafür, daß er nicht über dich seufzen muß, denn das ist nicht gut für dich.[6] Vor allem aber, bleibe in der Herberge — nicht nur, solange du »Patient« bist! Nein, entwickle dich gerade als »Gesunder« und hilf mit, sei ein Mitpfleger, ein Mitarbeiter. Mach mit, wenn es um den Transport und die Pflege der Verblutenden geht! Sei auch in diesem Sinne ein auf unseren Herrn Wartender! Er kommt gewiß und will dich in der Herberge finden.

Abschließend noch ein Wort zu der Frage: Wann darf man die »Herberge« verlassen, und ist das unter gewissen Umständen sogar nötig?

Ja, manchmal muß man das. Erstens, wenn die Gemeinde nicht den ganzen Groschen des Wortes Gottes zur Pflege und Genesung der Patienten einsetzt, wo also bewußt und uneinsichtig nicht das ganze Wort Gottes geglaubt, gelehrt und praktiziert wird. Zweitens, wo der Groschen des Heiligen Geistes nicht voll zum Einsatz kommt. Wo man nicht um den Heiligen Geist betet, wo man die Gaben des Heiligen Geistes nicht achtet oder gar verwirft und verbietet, da brauchst du dich nicht aufzuhalten. Wenn nämlich die Gemeindeleitung nicht unter dem Befehl des Herrn lebt, Wort und Geist Gottes nicht glaubt und umsetzt, kann man auch nicht heil werden. — Meide tote, unbelehrbare Gemeinden und ungläubige Pastoren, damit du nicht selber geistlich erkaltest und stirbst.

Fromme Schwätzer versuchen immer wieder, Neubekehrte in abgefallenen Kirchen zu halten. Sie greifen zu

6 Hebräer 13,17

44

dem sentimentalen Spruch, eine alte und kranke Mutter verlasse man doch nicht. Unsere Antwort darauf: Die Bibel nennt die Gemeinde (Kirche) nie unsere »Mutter«, sondern »Leib« und »Braut« Jesu Christi. Außerdem stimmt es zwar, daß man Alte und Kranke nicht verläßt — Tote aber muß man sogar begraben! In Afrika hörte ich dazu ein weises Wort: „Eine tote Mutter gibt keine Milch." Also weg von allem, was tote, ungläubige, unbiblische, christuslose Kirche ist!

Ja, Jesus liebt seine Gemeinde. Er hat für sie sein Herzblut gegeben und wacht über ihr. Er reinigt sich seine Gemeinde, um sie stark, schön, gesund, ja, herrlich zubereitet heimzuholen. [7]

Bist du bereit, bist du dabei?

Ja?

Ich auch. Preis sei dem Herrn für seine Zwei-Groschen-Herberge!

---

[7] vgl. Epheser 1,23; 5,23; Apostelgeschichte 20,28; 2. Korinther 11,2; Epheser 5,32

Wer fürchtet sich vor'm Schwarzen Mann?

Wie man die Lebensangst überwindet

Im Zeitalter von Rüstungswahnsinn und Umweltbedrohung gehört Angsthaben schon fast zum guten Ton. Angst ist beinahe zu einer Modeerscheinung geworden. Doch sie ist mehr; sie verfolgt zunehmend Menschen in Ost und West. Dagegen gibt es keinen billigen Trost. In meinem Leben bin ich vielen Menschen begegnet, die mit Angstgefühlen kämpfen und in bedrohlichen Situationen leben. Hinter den Ratschlägen dieses Kapitels steht eine vielfältige Erfahrung.

Ein Spiel im Wandel der Zeiten

Als Kind war ich gern mit viel Hallo dabei, wenn es hieß: „Wer hat Angst vor'm Schwarzen Mann?" Kennen Sie das Spiel? Hinter einer Linie stand ein Fänger, der die Gegenüber-Gruppe fragte: „Wer fürchtet sich vor'm Schwarzen Mann?" Im Chor kam die Antwort: „Niemand!" Und alles rannte los. Der Fänger versuchte nun, ein oder zwei der Leute zu erwischen, die dann beim zweiten Durchgang mitfangen durften, weil sie jetzt auf der Seite des „Schwarzen Mannes" waren. Der Haufen der Nicht-Ängstlichen schrumpfte bei jedem Durchgang mehr, bis bald die Furchtlosen ohne Chance waren und von den „Schwarzen Männern" überwältigt wurden.

Heute scheint mir Furcht die Tugend der Mutigen zu sein. Wer am meisten Angst hat und dazu die Geschicklichkeit, sie laut zu artikulieren, ist der Held überhaupt. Alle fürchten sich vor ... — ja, wovor denn?

Erlebte Angst

Was ist Angst? Sie ist das Gefühl einer unbestimmten Bedrohung. Man empfindet (oft unbegründet), daß irgend etwas auf einen zukommt, was schmerzlich, schädlich oder gar lebensgefährdend ausgehen wird. Doch woher kommen diese Gefühle?

Ich fuhr kürzlich in Eile auf einer Landstraße. Plötzlich brachte mich der »Blitz« zur Erkenntnis, daß ich zu schnell gefahren war. Da empfand ich auf einmal dieses Gefühl — Angst! Wie geht die Sache aus? Wieviel bin ich zu schnell gefahren? Was wird das kosten? Womöglich bekomme ich einen Eintrag in Flensburg? Viele Fragen und ein tägliches, banges Warten auf den »Blauen Brief«. (Lieber wäre mir gewesen, ein Polizist hätte gleich an Ort und Stelle das Bußgeld kassiert.)

1. Schuld

Schuld war die Ursache für meine Angst. Ich wußte, daß ich das Gesetz übertreten hatte, wofür mir Strafe drohte. Wer ein Verkehrsgesetz übertritt, spürt den »Nervenkitzel«: „Werde ich erwischt? Was erwächst mir daraus?" In der Regel ist das in Mark und Pfennig zu begleichen. Wer dagegen Naturgesetze übertritt, sich falsch ernährt oder kleidet, muß mit der Angst vor Krankheit, Siechtum, Verkürzung seines Lebens, Schmerzen, Operationen und anderem mehr leben.

Ebenso verhält es sich mit den Gesetzen Gottes. Wer die Regeln des menschlichen Zusammenlebens verletzt und den biblischen Maßstab nicht gelten läßt, sondern sich nach Meinungsmehrheit und Modeströmungen richtet, wer also ehebrecherisch, unsittlich, gottlos, verlogen, betrügerisch und egoistisch lebt, wird bald von der Angst überwältigt. Aber Gott sei Dank dafür, wenn uns diese Angst zur Buße und Umkehr führt und in die Arme Gottes treibt.

2. Dunkelheit

Im Dunkeln beschleicht uns Angst. Dunkelheit beschränkt und verunsichert unser Wissen über Raum, Zeit und Gefahrenmomente. Wir wissen nicht, was uns der nächste Schritt bringt, wo ein Stolperstein liegt, wo ein Abgrund gähnt, wo böse Menschen uns überfallen, ausrauben, schlagen, gefangennehmen könnten.

Viele Zeitgenossen löschen nachts das Licht in ihren Schlafzimmern nicht, obwohl ein Spaßvogel riet: „Sie brauchen das Nachtlicht nicht anzulassen, Diebe bringen in der Regel ihre Taschenlampe mit!" Es ist tragisch, daß der Mensch in unserem aufgeklärten Zeitalter mit seiner täglichen Informationsflut und dem übergroßen Bildungsangebot mehr denn je im Dunkeln tappt. Vernebelte, unklare Wirtschaftslage, Sorgen um die Altersversorgung und Arbeitsplatzentwicklung, verseuchte Luft, verschmutzte Nahrung — wohin bei solchen Aussichten, trotz Haus, Auto, Stereo-Fernseher und Ferienwohnung? (Im Gegenteil: Fernsehen, Film und andere Medien flößen einem mit zahlreichen Produkten erst recht Schmutz und Horror ein!)

3. Einsamkeit

Einsamkeit fördert Ängste. Wir denken: „Wenn mir jetzt dieses oder jenes passiert, bin ich dem nicht gewachsen. Wer wird mir dann helfen? Ich bin so allein..." O Hohn der Zeit, Technik und Architektur! Wir hängen so nahe auf-, neben- und übereinander in den Wohnsilos, nicht nur in unseren Städten, sondern auch in den Dörfern, daß einem kaum Luft zum Atmen bleibt. Und dennoch war man sich nie zuvor so fremd und fühlte sich jemals so alleingelassen.

Ein alter Bekannter saß einige Tage tot im Sessel seines Zweifamilienhauses. Über ihm wohnte eine Krankenschwester. Die Saat des Egoismus — „... das geht mich nichts an!" — muß man eines Tages ernten. Es kommen die Tage, wo man selbst zu ahnen beginnt: „Wehe mir, meine Ellenbogen haben mir so viel angebliche Freiheit gebracht, und jetzt bin ich so allein!"

Genug der Probleme. Gibt es eine Lösung?

Ja, durch Ursachenbeseitigung!

A. *Die Schuld muß weg*

Da gab es einmal einen König, der hatte aus Gier nach sexueller Lustbefriedigung einen raffinierten Plan ausgeheckt. Mit staatsmännischer Autorität war alles so eingefädelt, daß es nur zu seinen Gunsten ausgehen konnte. Alles kam wie gewollt — nur einen Faktor hatte er außer acht gelassen: Gott! Er schreibt später: „Als ich's verschweigen wollte, verschmachteten meine Gebeine!" Man kann entweder versuchen, seine Schuld zu leugnen, zu verharmlosen, zu verschweigen — oder aber sie bekennen. Von der Angst wird man nur befreit, wenn die Schuld bereinigt ist. Schuld bei Menschen kann man bezahlen, man kann sich entschuldigen oder die Angelegenheit auf andere Weise in Ordnung bringen. Doch da ist dann auch noch die Schuld vor Gott; denn jedes Schuldigwerden an Menschen ist verknüpft mit Schuld gegenüber Gott. Sein Wort sagt: „Du sollst deinen Nächsten lieben." Wenn ich es nicht tue, habe ich mich auch gegen Gott und sein Gebot vergangen und brauche seine Vergebung. Der König, von dem hier die Rede war (David ist sein Name, die Bibel erzählt seine Geschichte) [8], sagt in Psalm 32: „Da bekannte ich dir meine Sünde; ich sprach: ‚Ich will dem Herrn meine Übertretungen bekennen.‘ Da vergabst du mir meine Sündenschuld!" Jubelnd bezeugt David weiter: „Wohl dem Menschen, dessen Missetat vergeben ist!"

Vergebung von Schuld bewirkt Wohlbefinden!

B. Schon ein kleines Licht vertreibt die Dunkelheit und Angst

Raus aus der Dunkelkammer, wo sich nichts als Angst entwickelt hat! Der Prophet Jesaja ruft: „Mach' dich auf . . .!" [9] Freund, zieh die Rollos deiner stumpfsinnigen, materialistisch orientierten, wissenschaftsgläubigen Be-

8   siehe 2. Samuel 11-12
9   Jesaja 60,1

schränktheit hoch! Die Sonne Jesus Christus steht hoch am Himmel und will dich erwärmen, erhellen. Die Spinnweben der Trübseligkeit und Angst sollen weichen. Entstaube deine Bibel und lies darin, zum Beispiel Lukas 24,13-33: Da gehen zwei Gestalten auf der Landstraße und diskutieren über zerschlagene Hoffnung und enttäuschte Wünsche. Plötzlich mischt sich ein »Störenfried« in ihre Angelegenheiten! Nach widerwilligem Zögern öffnen sie sich seinen Argumenten, die alle aus der Heiligen Schrift stammen. Auf einmal sehen sie die Zusammenhänge, werden erleuchtet, erwärmt, frisch und lebendig und bitten ihn — es ist Jesus Christus — in ihr Haus und Leben. Welch ein Erlebnis, frei zu sein von Zukunftsangst! Man hat eine Hoffnung, ein Ziel und einen Weg! (Haben nicht viele von uns etwas Ähnliches in der Kindheit erlebt? Es mochte dunkel sein, aber an der Hand von Papa oder eingekuschelt im Bett von Mama war alles klar.)

C. Und die Einsamkeit?

Sie war nur deshalb wie ein Gefängnis, weil Sie niemanden an sich heranlassen wollten. Es gibt aber Zweisamkeit, Gemeinschaft, Wirkungsraum und sinnvolle Aufgaben!

Jetzt wird's persönlich: Wenn Sie die Angst der Einsamkeit plagt, dann suchen Sie einen Menschen auf (am besten den, der Ihnen dieses Buch gab), und schon sind Sie nicht mehr allein. Ihr Gesprächspartner wird Ihnen zuhören und raten. Ja, noch mehr, er wird Sie bekanntmachen mit dem Herrn und Heiland Jesus Christus. Ferner werden Sie mitgenommen in eine Gemeinde, wo man singt, sich freut, Gottes Wort liebt und studiert, gemeinsam die freie Zeit gestalten kann und vieles andere mehr.

Die Bibel rät: „Bekennet einander eure Sünden und betet füreinander!" Dann wird man guten Mutes und kann Lieder singen. So empfängt man auch Heilung von Krankheit und Depressionen (Jakobus 5,13-18).

Wir fassen zusammen:

Der Weg zur Befreiung von Lebensangst hat drei Etappen. Erstens, erkennen und bekennen Sie Ihre Schuld im Gebet vor Gott und gegebenenfalls vor Menschen. Zweitens, lesen Sie die Bibel und hören Sie bibeltreue Predigten, damit Sie Auskunft über die Zukunft und Ewigkeit bekommen und nicht im Dunkel der Ungewißheit bleiben. Drittens, laden Sie Jesus Christus ein, Herr Ihres Lebens zu werden, und suchen Sie eine bibelgläubige Gemeinde. Werden Sie dort aktiver Teilnehmer (siehe Kapitel »Wie werde ich Christ?«).

Dann können Sie der Zukunft ohne Wenn und Aber, in freudiger Erwartung entgegensehen. »Unser Vater, der du bist im Himmel . . .« — er ist dann Ihr Vater im Himmel, und der Himmel ist Ihr Vaterhaus.

Zum »Nachtisch« gebe ich noch kurz die Geschichte eines Mannes aus Rumänien weiter, der etwas von Gottes Antwort auf unsere Ängste entdeckte. Sinngemäß hat er folgendes erzählt:

Ich las in der Bibel das Buch Josua. Dabei fiel mir auf, daß dort immer wieder steht: »Fürchte dich nicht . . .!« Ein wenig ärgerlich dachte ich bei mir: Herr Jesus, du hast gesagt, wir sollen uns beim Beten nicht wiederholen oder plappern. Warum wiederholst du dich dann und sagst immer wieder »Fürchte dich nicht«? Ich fing an, die Bibel hindurch zu zählen, wie oft darin zu finden ist: »Fürchte dich nicht«, »hab' keine Angst«, »laßt euch nicht erschrecken« und ähnliche Aussagen. Zu meinem Erstaunen kam ich auf die Zahl 366. — Ein Zufall? — 366 mal steht in der Bibel »Fürchte dich nicht!« Das bedeutet, für jeden Tag einmal. Und dabei ist nicht einmal der 29. Februar eines Schaltjahres ausgelassen!

Ich wurde fröhlich; denn es konnte kein Zufall sein! Josua hat sich gewiß nicht mit Petrus abgesprochen, wie oft er das »Fürchte dich nicht« schreibt. David wußte nichts von der Häufigkeit des verwendeten »Fürchte dich nicht!« bei Matthäus. Aber es gibt den einen Autor für die ganze Bibel: den Heiligen Geist. Er hat dafür gesorgt, daß für uns je ein »Fürchte dich nicht!« als täglicher Blanko-Scheck Gottes aufgeschrieben wurde.

Dann erzählt Bruder R. W. weiter:

An einem Sonntagmorgen ging ich zum Gottesdienst. Plötzlich stoppte ein Auto neben mir. Vier Männer sprangen heraus und zerrten mich in den Wagen — die geheime Staatspolizei. Augenblicklich wurde ich an die 366 Zusprüche erinnert und lächelte. Die Polizisten starrten mich an und fragten: „Was ist mit Ihnen?" Denn einer, der so unerwartet verhaftet wird, lächelt gewöhnlich nicht. Ich antwortete: „Die Verheißung stimmt!" Nun dachten sie wohl endgültig, ich stände unter Schock und hätte den Verstand verloren. Wie sollten sie aber einen solchen Menschen verhören? So fragten sie zurück: „Welche Verheißung?" Ich entgegnete: „366!" Bevor nun sie durchdreh-

ten, erklärte ich ihnen den Sachverhalt: „Heute ist nämlich der 29. Februar, und da war Gottes 366. Verheißung
,Fürchte dich nicht' für mich gerade die Antwort vom
Himmel!" Nun konnte ich getrost dem entgegensehen, was
bei der Untersuchungshaft, vor Gericht und im Gefängnis
auf mich zukam.

Wem dieses »Zahlenwunder« nicht so glatt runtergeht, der
höre eine zweite Begebenheit. Auch sie geschah bei den
bedrängten und verfolgten Christen unserer Tage und wurde uns so erzählt:

Ein Christ wurde wegen seines mutigen missionarischen
Lebens für Jesus festgenommen. Man wollte ihn ein-
schüchtern und drohte: „Wenn du mit deinen gesellschafts-
feindlichen christlichen Aktivitäten nicht aufhörst und uns
deine Komplizen nennst, dann ist jetzt für dich Matthäi am
Letzten!" Diese volkstümliche Redewendung ist bekannt-
lich eine Gewalt- oder Todesandrohung. Nach einer gewissen Schrecksekunde begann der Bruder übers ganze
Gesicht zu strahlen: „Das ist ja wunderbar! Danke, danke!" Als man ihn völlig verdutzt nach dem Grund seiner
seltsamen Reaktion fragte, schmunzelte der Christ: „Sie
haben mich eben an ,Matthäi am Letzten' erinnert, und da
stehen die Worte meines Herrn: ,Siehe, ich bin bei euch jeden Tag bis an der Welt Ende!' "[10] — Auch dieser Bruder
blieb fest und durchstand alle Torturen in Treue zu Jesus.

Erneut eine humorvolle Erinnerung daran, daß Gott jeden
Tag zu seinen Kindern steht und in ihnen die Überwin-
dung von Angst und Drohungen wirken will. Das ist
»getesteter Glaube« in Aktion!

10 Matthäus 28,20

Schone dich . . .

. . . nicht!

Scherzfrage: Was haben viele Christen mit einer Wasch-maschine gemeinsam? — Sie lieben den Schongang.

„Schone dich!" Wenn jemand mit diesen netten Wor-ten zu uns kommt, kann er unserer Zuneigung und Freundlichkeit sicher sein. Es tut ja so gut, wenn Men-schen erkennen, daß wir unermüdlich arbeiten, und uns zu mehr Schonung raten. Ich glaube aber, daß Jesus unser bester Ratgeber und schönstes Vorbild ist. Sich schonen — wie hielt es denn Jesus damit?

Unermüdlich unterwegs. Eines Tages wurde Jesus von ei-nem lieben persönlichen Freund zur Seite genommen und hörte den wohlgemeinten Rat: „Herr, schone dich!" [11] Je-ner Freund (Petrus) wußte etwas von Jesu Arbeitspensum, Tagesablauf und den verschiedensten Verpflichtungen. Als Reisegenosse hatte Petrus miterlebt, was in Matthäus 9,35 berichtet wird: „Und Jesus durchzog alle Städte und Dör-

11 Matthäus 16,22 (andere Übersetzung: „Da sei Gott vor . . .!")

fer, lehrte in den Synagogen, predigte das Evangelium vom Reich Gottes, heilte jede Krankheit und jedes Gebrechen." Dabei stand Jesus kein vollklimatisiertes Fahrzeug zur Verfügung. Sie legten keine Rastzeiten in Luxushotels ein. Zu Fuß ging es über die staubigen, heißen Landstraßen. Die lauten orientalischen Basare waren ihr Predigtplatz. Schmutzige Kinder bedrängten Jesus, verschwitzte Bettler umringten ihn, Kranke mit ekelerregendem Äußeren baten ihn, daß er ihnen die Hände auflegte, von finsteren Mächten Gebundene suchten Befreiung.

Was für ein Streß, von Ort zu Ort zu ziehen, umringt von den Massen, gefährdet von Feinden, ermüdet von Hitze, ohne Zuhause, immer unterwegs.

Eine Pfarrstelle für Jesus. Eines Tages bot man Jesus eine Predigtstelle an, wo er sicherlich eine Dienstwohnung und festes Gehalt hätte beziehen können: Eine große Volksmenge versuchte, ihn für sich zu vereinnahmen, und wollte ihn nicht von sich ziehen lassen. — War dieses Angebot nicht eine Versuchung für Jesus, hatte eine so gut dotierte Pfarrstelle nicht etwas Reizvolles an sich? Die Massen als Zuhörer und Gläubige waren hier vorhanden, während man ihn noch kurz zuvor in Nazareth steinigen und von der Felsklippe stoßen wollte.

War dies jetzt nicht Gottes Gelegenheit für ihn, endlich anerkannt und erwünscht, willkommen und versorgt zu sein?

Gewiß war das bequemer als ein ständiger, verachteter Dienst als Wanderprediger. Die Jünger und Nachfolger Jesu wünschten sich ja schon lange, ansässig zu werden, und hatten Jesus bereits irgendwo die Errichtung von Hütten angeboten — sicher auch, um endlich eine feste Anschrift zu haben.

Jesus jedoch rief: „Ich muß auch den übrigen Städten

die Botschaft vom Reich Gottes verkündigen!" und zog
weiter. [12]

Seine Mittagspause. Die berühmte Mittagsruhe im Orient
sollte man nicht stören. Doch Jesus? Als die andern mit-
tags Rast machten oder etwas Abwechslung in der Stadt
suchten, saß Jesus am Jakobsbrunnen [13] und hielt einer
einzigen Frau jene wunderbare Predigt von dem lebendigen Wasser. Die Jünger aßen, tranken und brachten für-
sorglich etwas für ihn mit. Doch Jesus lehnte ab; er hatte
schon etwas »gegessen«: Er hatte den Willen des Vaters
getan und einer verirrten Seele, die nach Frieden, Reinheit
und Wahrheit dürstete, den Weg zum Vaterherzen Gottes
gezeigt. Den Willen Gottes zu tun, war Jesus wichtiger als
das Mittagessen. Das war seinen Begleitern (noch) unver-
ständlich; so war er eben.

Irgendwann ist Jesus dann doch wohl müde geworden
und hat sich zur Ruhe gelegt. Plötzlich wurde er wach:
Kindergeschrei, Frauengekreische und Männerproteste
drangen an sein Ohr. Als er nach der Ursache forschte, hat
ihm wohl einer der Jünger stolz erzählt: „Diese Sipp-
schaft wollte dich stören, aber wir sind gerade dabei, sie
zu verscheuchen. Tut uns leid, daß du geweckt wurdest,
wir konnten sie nicht ruhig halten!" Und Jesus? Er verteil-
te keine Orden an die eifrigen Leibwächter, vielmehr wies
er sie zurecht und rief die gesegneten Worte: Lasset die
Kindlein zu mir kommen und wehret ihnen nicht!" Dann
hat er den Kindern nicht etwa lässig zugewinkt oder ein
Kreuzeszeichen über ihnen geschlagen. Nein, wir lesen
detailliert über diese Begebenheit: Er herzte sie, das heißt,
er schmuste mit ihnen, nahm sie auf den Arm, streichelte

12 Lukas 4,42-43
13 Johannes 4,4-42

sie. Wahrscheinlich hat er dem einen oder andern das Näschen geputzt oder die Tränen getrocknet. Segnend legte er seine Hände auf sie und brachte ihnen den Gruß aus der himmlischen Heimat: „Euch Kindern gehört das Himmelreich!" [14]

So oder ähnlich sah Jesu Tagesablauf aus. Unermüdlich war er, aktiv, rastlos, immer arbeitend für das Reich Gottes.

Seine Nachtruhe. Nachts, wenn alle schliefen, verweilte Jesus oft draußen allein im Gebet. Er suchte die Einsamkeit in der Wüste und in den Bergen. Dort hat er aber nicht entspannt und meditiert, nein, er betete häufig unter starkem Geschrei und vielen Tränen. [15] Seine Gebete waren Schwerstarbeit, Seelenpein und Ringen mit unsichtbaren Mächten.

Nachts kamen aber auch die Ängstlichen (wie Nikodemus) und wollten doch einmal, heimlich und ungesehen, mit Jesus sprechen. — Zu all den Reisestrapazen, zu dem schwierigen Predigt- und Heilungsdienst kamen dann noch die vielen Anfeindungen, die hinterrücks ausgelegten Fallen und ständigen Bedrohungen, so daß er manchmal gar flüchten und sich verstecken mußte.

Sein Urlaub. Eines Tages war es dann doch soweit: In Markus 6,31-37 wird uns erzählt, daß Jesus mit seinen Jüngern in Urlaub ging! Sie waren nämlich dermaßen beschäftigt und von vielen Leuten umringt, daß sie nicht einmal Zeit zum Essen hatten. Da entschied Jesus: „Kommt ihr allein abseits an einen einsamen Ort und ruht ein wenig!" Seine Jünger mögen große Augen gemacht haben,

14 Markus 10,13-16
15 Hebräer 5,7

daß so etwas möglich war. Sie fuhren also über den See Genezareth an eine abgelegene Stelle, wo sie Stunden der Besinnung und Entspannung verbringen wollten.

Doch was war das? Noch bevor sie ankamen, erkannten sie schon, daß sie nicht an eine idyllische Ferienstätte kamen, sondern an einen überfüllten Ort. Als sie ausstiegen, war dort inzwischen eine große Volksmenge versammelt. Aus Städten und Dörfern zu Fuß hierher geströmt, brachten sie ihre Kranken und Hilfsbedürftigen.

Und Jesus? Er ließ sich kein Schild malen: »Wegen Betriebsferien geschlossen« oder: »Während der Urlaubszeit keine Gottesdienste«. Nein, im Gegenteil. Es ist geradezu spaßig: Jesus hält nicht nur eben eine kurze Andacht mit anschließendem Segnungsgebet, vielmehr lesen wir: „Er fing eine lange Rede an . . .“

Danach bedrängten die Jünger ihren Meister ungefähr so: „Herr, wir haben Urlaub, und der erste Tag ist schon dahin. Schicke sie doch endlich weg, damit wir zur Ruhe kommen!“ Aber Jesus war anders. „Ohne Essen geht hier niemand weg!“ stellte er klar. Als er die erstaunte Reaktion der Jünger sah, fragte er: „Wieviel Geld haben wir?“ — „Zweihundert Groschen Urlaubsgeld, fünf Brote und zwei Fische Proviant, das reicht gerade für uns!“ kam die Antwort. Unbeeindruckt veranlaßte Jesus, daß sich die Volksmenge in Gruppen zu je 100 und 50 im Gras niederließ. Dann fing er an, sie zu bedienen. Segnend brach er das Brot, gab es seinen Jüngern und machte ihnen Beine, daß auch der Letzte Fisch und Brot bekam.

Als alle gegessen hatten und die Speisereste aufgehoben waren, ging auch der Urlaub zu Ende. In Vers 45 heißt es: „Und alsbald nötigte er seine Jünger, in das Boot zu steigen und ans jenseitige Ufer zu fahren.“

„Na, war das ein Urlaub . . .!“ mögen die Jünger gestöhnt haben. Ja, das war einer; denn in ihrer Freizeit hatten sie vielen Menschen zum Wohl für Leib und Seele verholfen! Solches sind unvergeßliche, gesegnete Urlaubszeiten.

Empfehlenswert ist, aus dieser Tatsache eine Lektion zu lernen. Anstatt seinen Urlaub nur auf Erholung zu konzentrieren, sollte man ihn einmal zum Abenteuerurlaub werden lassen. Gib doch deinen Urlaub, wenigstens zum Teil, für einen Evangelisations- und Missionseinsatz! Ich weiß aus vielfältigen Einsätzen mit jungen Christen, daß die Teilnehmer immer wieder begeistert schilderten: „Das war der schönste Urlaub, den ich je gemacht habe!" Solch ein Abenteuer-Missions-Evangelisations-Urlaub hat viele schöne Seiten: Es beginnt mit feiner Gemeinschaft verschiedener, oft internationaler Glaubensgeschwister. Man hat ausgiebig Zeit zu Bibelstudium und Gebetsgemeinschaft, erlebt Segnungen durch Seelsorge, Empfang von Geistestaufe und Geistesgaben, Anleitung zu Evangelisation und persönlicher Seelengewinnung. Dazu kommen die vielerlei gemeinsamen Missionseinsätze von Haus zu Haus, durch Freigottesdienst, Infostand und Straßendarbietungen, Freiluftkonzerte und Spontanaktionen, die Mitwirkung in den besonderen Gottesdiensten. Und erst die Freude, persönlich Menschen zu Christus zu führen . . .!

Wirklich, ein lohnendes Ferienerlebnis — und eine Urlaubsgestaltung nach Jesu Art! Lieber Christ, melde dich ruhig auch beim Autor dieses Buches, wenn du sonst für deinen Urlaub von keinen Missionsaktivitäten weißt.

Seine Jerusalem-Reise. Jesus eröffnet seinen Jüngern, daß er leiden und sterben wird. Dies ist die besagte Situation, da Petrus ihn freundschaftlich beiseite nimmt und sagt: „Herr, bitte schone dich!" Wie erschrocken mag Petrus über die Reaktion gewesen sein! Jesus bedankt sich nämlich nicht für den lieben Rat, sondern herrscht ihn an: „Geh mir aus den Augen, Widersacher! Du hast nicht den Willen Gottes im Sinn!" — So ging Jesus stracks nach Jerusalem. Dort wurde er bald verhaftet, vor Gericht gestellt und, obwohl unschuldig, zum Tode verurteilt. In dieser Situation hatte er die Macht, sich zu befreien. Wenn er darum gebeten hätte, wäre ihm der himmlische Vater zu Hilfe gekommen. Auf einen Befehl hin hätten Legionen Engel Jesus befreit und die Schuldigen bestraft.

Aber er, unser treuer Herr Jesus, schont sich nicht, als es gilt, die Menschheit vom Verderben zu erretten. Im Garten Gethsemane durchleidet er unter großen Seelenqualen seinen letzten Gebetskampf. Seine »Getreuen« schonen sich unterdessen und schlafen, lassen ihn allein. Dort trinkt Jesus, der Reine, den Sündenkelch. Er läßt sich verhaften. Er wird verspottet, bespien, geschlagen und mit Dornen gekrönt, aufs Kreuz gelegt und festgenagelt. So hängt er zwischen Himmel und Erde, und es wird wahr, was der Prophet Jesaja 600 Jahre zuvor über ihn geschrieben hat:

„*Er war verachtet und gemieden, ein Mann der Schmerzen und mit Leiden vertraut. Jedoch, unsere Leiden waren es, die er getragen hat, und unsere Schmerzen hat er auf sich geladen. Um unserer Übertretungen willen war er verwundet und infolge unserer Sünden zerschlagen; die Strafe war auf ihn gelegt, uns zum Heil. Als er mißhandelt wurde, ergab er sich willig darein. Doch weil er sein Leben zur Sühne gegeben und seine Seele sich abgearbeitet hat, wird er Frucht erwachsen sehen: Wenn sie ihn, den Gerechten, erkennen, wird eine große Schar die Rechtfertigung von ihren Verschuldungen finden.*" [16]

Paulus erklärt es den Römern so: *Gott hat sogar seinen*

16 Jesaja 53,3-7.10-11 in Auszügen

Sohn nicht verschont, sondern für uns alle dahinge-gegeben. [17]

Jesus war immer äußerst beansprucht. Sicher mußte auch er mal schlafen und ruhen. Aber sich schonen, das gab es bei Jesus nicht. Er war und ist ein Vorbild für seine eigene Predigt: *„Wer sein Leben hingibt, der wird es finden!"* [18]

Gewiß, bei Jesus stand etwas Besonderes auf dem Spiel. Als er jenes »Schone dich!« des Petrus so hart zurückwies, ging es um einen beispiellosen Entscheidungskampf. Satan wollte Jesus irritieren, vom Kreuzesopfer abhalten und damit die Erlösung verhindern. Es stimmt, dieser Kampf ist endgültig, für alle Welt und Zeiten siegreich durchstanden, und nie wieder muß sich ein Mensch in dieser Weise für die Erlösung einsetzen. Im Gegenteil, Jesu schonungslose Tat bringt uns für Zeit und Ewigkeit ein völliges inneres Ausruhen und herrliches Genießen von Frieden und unbeschreiblicher Wonne. Es ist wahr, durch seinen Kreuzestod auf Golgatha hat Jesus uns ein für allemal ewige Seligkeit erkämpft, die dem Glaubenden völlig kostenlos und ohne eigene Anstrengung geschenkt wird. Halleluja, Preis dem Herrn, und noch einmal Halleluja! All das stimmt.

Dennoch müssen wir uns die Frage gefallen lassen:

Und wir? Oh, wie gerne hören wir den Satz: »Schone dich!« Doch wenn die Christen tatsächlich den Schongang einlegen, warum dann meist auf Kosten der Gemeinde und des Einsatzes für Gott? Wenige kommen beim Sich-Schonen auf die Idee, vielleicht weniger zu arbeiten, zu reisen, auf etwas eigenen Wohlstand zu verzichten. Verzichtet

17 Römer 8,32
18 Lukas 9,24-25

64

wird eher auf Gemeinschaft mit Gott, auf Versammlungsbesuche, Gemeindeleben und Missionseinsätze.

Europa — ein riesiges Missionsfeld! Große Teile von Europa sind heute für offizielle Missionsarbeit geschlossen. Die rote Fahne mit Hammer und Sichel weht in vielen Nachbarländern. In der Türkei mit ihren 42 Millionen Menschen gibt es wohl kaum 500 gläubige Christen. Dort und in zahlreichen andern Ländern regiert der moslemische Halbmond.

Und die Christen, wiedergeboren, geisterfüllt?

Zum großen Teil schlafen sie und schonen sich. Denken wir nur an Deutschland! Wir sind ein großes Missionsfeld geworden. In unseren Städten und Stadtteilen, Dörfern und Straßen, Plätzen und Häusern ist Jesus Christus der große Unbekannte, höchstens verfälscht zum Religionsstifter, zur degenerierten, blutleeren und toten Symbolfigur. Christen, es ist Zeit, sich aufzumachen, Müdigkeit und Scheu abzulegen! Jetzt braucht unser Volk den schonungslosen Einsatz aller Christen, die deutlich, mutig und mit großem Eifer, mit Verstand und Liebe Jesus Christus bekanntmachen. Es ist das lohnendste Ziel, seine Kräfte, Fähigkeiten und Mittel für Evangelisation und Gemeindeaufbau einzusetzen! Alle materiellen Werte, Kunstschätze, Reichtum und Sicherheiten werden vergehen. Ewigkeitswert haben allein Einsatz und Gewinn aus der Evangelisation kostbarer Seelen, die dem Teufel und dem höllischen Feuer entrissen werden.

Dafür lohnt sich ein schonungsloser Einsatz!

Schonungslos gegen Sünde und Satan. Sei auf jeden Fall schonungslos gegen den Teufel und seine Versuchungen, reiße aus deinem Herzen jede Wurzel des Bösen und bringe sie Jesus! Laß nicht ein Saatkörnchen von Unrecht in deinem Herzen sein; es könnte aufgehen, zu einer schlimmen Verqueckung führen und dorniges, giftiges Unkraut wachsen lassen. Habe kein Mitleid mit deinen Neigungen zur Sünde, rotte sie aus — um so mehr Platz wird für Gerechtigkeit, Friede und Freude im Heiligen Geist sein!

Zu guter Letzt die Verheißung. „Sie werden von mir, spricht der Herr der Heerscharen, am Tage, den ich bereite, als mein auserwähltes Eigentum behandelt werden, und ich will sie schonen, wie ein Mann seinen Sohn schont, der ihm dient." [19] Schließlich also das ‚Aha-Erlebnis'! Deshalb warte geduldig auf den Tag der Endabrechnung, wirf dein Vertrauen nicht fort. Seufze nicht zu laut über die Plagen, die dich in der Nachfolge Jesu treffen können. Laß deinen Einsatz für Gott freudig sein. Denke an die Christen, die vielerorts durch Verfolgung und Armut gehen und ein wirklich hartes Los tragen.

Gott vergißt unser Opfer nicht. Er ist nicht ungerecht, will nicht die Qual seiner Leute und läßt sie nicht ohne Kraftausrüstung. Nein, es ist der Feind Gottes, der uns Mühe macht, wenn wir uns entscheiden, das Reich Gottes mitzubauen. Mose, ein großer Mann Gottes, hatte auch oft schwere Kämpfe für Gott und sein Volk zu erdulden. Er verzagte nicht, weil er auf die Belohnung sah. Und Paulus schreibt inmitten eines Lebens voll Aufopferung: „Die Leiden der gegenwärtigen Zeit sind nicht mal wert, erwähnt zu werden, gegenüber der kommenden Herrlichkeit, die an uns offenbar werden soll!" (Römer 8,18). Schau, Gotteskind, eines Tages wird uns unser Vater bei sich trösten, die Tränen trocknen, uns schonen und verwöhnen . . .

19   Maleachi 3,17

Ein Tag mit Jesus

Jüngerschaft und das Gemeindeboot

Ich bitte Sie, einmal den Text Matthäus 14,21-36 zu lesen.

Zum Essen sind sie alle da

Das könnte man auch bei dieser Geschichte sagen. 5000 Männer, dazu die Frauen und die vielen Kinder, haben das Brot des Herrn gegessen. Das ist gut und richtig; denn wir alle sind eingeladen, zum Tisch des Herrn zu kommen.

Jene Zeitgenossen Jesu aßen ein Brot, das auf wunderbare Weise vermehrt worden war. Sie aßen von gesegnetem Brot. Sie wurden satt. Sie waren verwundert und begeistert, sicherlich auch dankbar, daß sie von Jesus gespeist wurden. Doch nachdem sie gegessen hatten, verließen sie den Herrn[20], und jeder ging in seine alte Umgebung zurück, seinen eigenen Gedanken und Wünschen nach.

---

20 Im Text steht: „Jesus entließ sie" oder „ließ sie gehen".

Und wir? Da sind die vielen Menschen, die an den Gottesdiensten teilnehmen, das Wort Gottes in sich aufnehmen und froh darüber werden, aber ebenso wieder hinausgehen und den Herrn und seine Speise vergessen. Vielleicht sind sie sogar stolz darauf und meinen, Gott müsse besonders erfreut sein, daß sie überhaupt noch Zeit und Interesse für sein Wort haben und zu denen gehören, die es achten.

Ich hoffe, Sie gehören nicht zu dieser Gruppe von Menschen, die nur bekommen wollen, denen es nur um das »Gespeistwerden« geht, die von Gott nur die Erfüllung ihrer Wünsche erhalten möchten.

Wer gegessen hat, soll auch arbeiten

Für seine Jünger hat Jesus noch einen Befehl: „Und alsbald trieb er seine Jünger, in das Schiff zu treten und vor ihm hinüberzufahren." — Wahre Jünger Jesu sind Menschen, die sich vom Heiligen Geist treiben, das heißt leiten lassen. Sie sind bereit zu folgen, gehorsam den Auftrag des Herrn auszuführen. Wir lesen im Römerbrief: „Welche der Geist Gottes treibt, die sind Gottes Kinder."[21] — Kennen Sie, lieber Freund, die Stimme des Herrn Jesus? Kann er zu Ihnen reden, Sie auf etwas aufmerksam machen, Ihnen einen Auftrag erteilen? Der Herr Jesus sagt: „Meine Schafe hören meine Stimme, und sie folgen mir."[22] Es genügt nicht, von Gott gesegnet worden zu sein. Es genügt nicht, seine Hilfe erfahren zu haben. Es genügt nicht, sein Brot gegessen zu haben. Die Israeliten haben alle in der Wüste das Manna gegessen, und doch

---

21 Römer 8,14 (wörtlich:) „Alle, die sich von Gottes Geist leiten lassen, sind Söhne Gottes."
22 Johannes 10,27

sind die allermeisten nicht ins Gelobte Land gekommen. Warum haben sie das Land nicht einnehmen können? Die Speise war gut, sie gab ihnen Kraft. Das Brot, das der Herr Jesus den 5000 Männern gab, war ebenfalls gut. Die Worte, die er sagte, waren Worte des Lebens. Sie hätten gereicht, um ewiges Leben zu empfangen. Doch waren sie bereit, auf das Drängen des Herrn einzugehen? Dieselbe Frage an Sie: Sind Sie bereit, auf das Drängen Jesu einzugehen, für ihn zu arbeiten, einen Platz in seinem Ruderboot einzunehmen?

Das Kirchenschiff

Die Geschichte berichtet uns: Während das Volk Jesus verläßt, drängte (ja, da steht das Wort »trieb«) Jesus seine Jünger, in ein Schiff (Boot) zu treten und über den See zu rudern. Wie wir bereits sagten, beweist sich wahre Jüngerschaft im Gehorsam. Die Jünger traten also in das Boot, um hinauszufahren. Ja, der Herr Jesus will, daß seine Jünger zusammenkommen, miteinander auskommen und vorwärtskommen! Der Feind der Gemeinde Jesu möchte, daß sie umkommen. Doch Jesus wird dafür sorgen, daß sie durchkommen.

Das Boot, in das Jesus seine Jünger einsteigen ließ, ist sinnbildlich die Gemeinde, die Christus gegründet hat. Ihr hat er Verheißungen gegeben. Über sie wacht er, und für sie sorgt er. Die Gemeinde Jesu ist keimartig schon da, wo zwei oder drei in seinem Namen zusammen sind, sich also auf der Grundlage des Wortes Gottes finden, den Befehlen Jesu unterstellen und aufrichtig beschäftigt sind, sie auszuführen.

Die Jünger stiegen in das Boot. Das Boot war im Wasser. Der Herr Jesus will die Menschen, die an ihn gläubig geworden sind, in das Gemeindeboot führen, um ihnen dort Platz und Aufgabe zuteilen zu können. Wie dieses Boot im Wasser war und die Jünger im Boot das Wasser überwinden konnten, so ist die Gemeinde in der Welt und können wir die Welt überwinden. Das Boot gehört ins Wasser, doch nicht das Wasser ins Boot. Die Gemeinde Jesu gehört in die Welt, doch darf die Welt nicht in die Gemeinde hineindringen. Menschen, die sich unter Jesu Herrschaft gestellt haben, gehören zum Reich Gottes, und damit sind sie einer neuen Ordnung, neuen Geboten und Befehlen unterstellt. Die Jünger haben im Boot ihren Platz einzunehmen und zu rudern! Lieber Freund, Gott hat einen Platz für Sie in seiner Gemeinde, die eine lokale Gemeinde an Ihrem Ort ist. Sollte es keine biblische Gemeinde an Ihrem Platz geben, will Gott mit Ihnen beginnen, eine Gemeinde zu bauen. Gemeinde Jesu Christi soll und muß es an allen Plätzen der Welt geben; denn an der Gemeinde will Gott der Welt seine Herrlichkeit offenbaren, und durch die Gemeinde will er ihr seinen Willen kundtun. Die Gemeinde, das sind Menschen wie Sie und ich. Aber wir alle müssen beseelt sein von diesem Wunsch, daß Gottes Wille in unserem Leben geschieht.

Trotz des Gehorsams zu Jesus — große Schwierigkeiten

Die Jünger stiegen in das Boot. Sie ruderten und erlebten etwas, was allen Jüngern Jesu widerfahren ist und wohl nie der Gemeinde Jesu erspart bleiben wird: Ihr Schifflein kam in große Bedrängnis. Der Wind und die Wellen waren ihnen entgegen. Was wir hier von den Jüngern lernen müssen, ist, daß sie weitergerudert haben. Sie haben sich nicht entmutigen lassen. Sie haben nicht Anker geworfen und auf bessere Gelegenheit gewartet, um weiterzukommen. Auch haben sie nicht zur Erleichterung beigedreht oder gar umgedreht, um vom Wind und den Wellen getrieben zu werden. Ihr Auftrag lautete, hinüberzufahren, und gehorsam befolgten sie die Anweisung ihres Meisters.

Die Gemeinde Jesu ist gerade zu unserer Zeit in arge Bedrängnis geraten. Da sind die Wellenberge von Materialismus, Wohlstand und Egoismus, die den Gemeinschaftssinn, das Miteinander und Füreinander zerstören wollen. Da sind die aufgepeitschten Wogen der Gottlosigkeit, Schamlosigkeit, Brutalität, Sittenlosigkeit. All diese Dinge umgeben uns und schlagen wie Wellen auch an unsere Kirchenwände und Versammlungen. Hier und da versuchen sie, Einlaß in die Gemeinde Jesu zu finden. Da gibt es manche Gemeinschaft, die resigniert hat und nicht mehr weiterkämpft gegen diese gottlose Brandung. Sie sind überflutet worden. Andere wollten die Welt christianisieren und sind dabei selber weltlich geworden. Wieder andere halten starr ihre Position, kommen aber mit ihrem Fanatismus auch nicht ans Ziel. — Das Reich Gottes ist Friede, Freude und Gerechtigkeit.[23] Es besteht in Heiligkeit, Reinheit und Wahrheit. Mag die Welt auch noch so bemüht sein, es wird ihr doch nicht gelingen, die wahre Gemeinde des Herrn Jesus zu verderben. Dieser düstere Teil unserer Geschichte enthält nämlich einen Hoffnungsblick.

Das Volk hat gegessen und den Herrn Jesus verlassen, die Jünger kämpfen im Boot, und Jesus ist auf dem Berg, um zu beten. Wir sind als Gemeinde des Herrn in unserem Kampf nicht ausschließlich auf unsere Bildung und Fähigkeit angewiesen; denn unsere natürlichen Kräfte reichen nicht aus, um die zerstörerischen Mächte der Hölle zu besiegen!

Die Geschichte berichtet uns: „Er stieg auf einen hohen Berg, um zu beten." Und er sah seine Jünger. Er sah,

23 Römer 14,17

daß sie ruderten. Er sah ihre Anspannung, ihr Bemühen, ihr Nichtaufgeben. Welch ein tröstlicher Gedanke, zu wissen, daß Jesus, der Herr seiner Gemeinde, um uns weiß, uns sieht und Anteil nimmt an unserem Ergehen! Es gibt Stürme, die über unser Leben kommen, Kräfte, die stärker sind als die Menschen, es gibt Gewohnheiten, Erbanlagen und Erziehung, ja, sogar dämonische Kräfte, die sich aufmachen, um uns zu vernichten. Aber Jesus ist Trost und Hoffnung für uns! Gottes Wort sagt uns, wir haben einen Hohenpriester, der Mitleid hat mit unserer Schwachheit: Jesus, der für uns betet, daß unser Glaube nicht aufhört, Jesus, der zur Rechten des Vaters sitzt und uns vertritt. [24] Lieber Freund, gib deinen Kampf nicht auf! Lieber Gemeindeältester oder Prediger, fahre fort, gegen Zeit- und Weltgeist zu kämpfen, und bleibe dran am Beten und Predigen, gib freimütig dein Zeugnis von der Macht Jesu! Er wird kommen und sich auf wunderbare Weise uns nahen, um uns aus der Bedrängnis herauszuretten.

Ist die Not am größten, ist Jesus am nächsten

Wir lesen, daß Jesus zu ihnen kam. Sie erschraken über seine Hilfe; denn in dieser Weise hatte er noch nie seine Macht gezeigt. Er wandelte auf den stürmenden, tobenden Wellen. Er, unser Herr, kann Umstände und Verhältnisse zu seinen Wegen machen, auf denen er sich uns in herrlicher Weise offenbart!

Er wandelte auf dem Meer, kam zu ihnen und rettete sie. Seine übernatürliche Kraft besiegte die Elemente, die gegen sie waren. Wir brauchen die übernatürliche Kraft Gottes — und sie ist da! Jesus ist aufgefahren zu seinem Vater und bat ihn, uns den Heiligen Geist zu geben. Und

24 Hebräer 4,15; Lukas 22,31-32; Römer 8,34

wirklich, sein Geist wurde am ersten Pfingsttage ausgegossen!

Durch die folgenden Zeiten gab es immer wieder Gottes wunderbare Heimsuchungen, aber gerade in unserer Zeit erleben wir eine besondere Offenbarung der Herrlichkeit Gottes, indem er Menschen zu Hilfe kommt durch die Ausgießung seines Geistes. In den verschiedensten Kirchen und Gemeinschaften weltweit werden Menschen vom Heiligen Geist erfüllt, empfangen Gaben des Geistes und Kraft aus der Höhe, um überwinden zu können. Diese Erlebnisse sind vielen neu. Menschen reden in Sprachen, die sie nie gelernt haben. Durch den Geist Gottes werden Geheimnisse offenbart. Kranke werden geheilt, Hoffnungslose bekommen neue Lebensmöglichkeit. Auf übernatürliche Weise wirkt Gott und manifestiert seine Kraft, um deutlich zu machen, daß er der Herr ist und darüber wacht, daß seine Gemeinde wohlbehalten das andere Ufer erreicht. Gottes Wort verheißt uns, daß in den letzten Tagen überall vom Heiligen Geist ausgegossen wird. Söhne und Töchter sollen weissagen, Jünglinge sollen Visionen sehen, die Alten sollen Träume haben. So schreibt es der Prophet Joel. [25]

Liebe Brüder und Schwestern, diese Verheißung erfüllt sich in unseren Tagen! Und sie ist für einen jeden von uns da. Wir dürfen und müssen die übernatürliche Kraft Gottes empfangen. Unsere Gemeinden müssen geisterfüllte Glieder haben, damit das Gemeindeboot nicht zerschellt, sondern sein Ziel erreicht.

Was ist denn Zweck und Ziel der Reise?

Da sind Menschen, die krank und gebunden sind, die in Sünde und Begierde dahinschmachten, ohne Hoffnung und Licht. Für sie hat die Gemeinde Gottes einen Auftrag: ihnen das Wort des Lebens zu bringen, ihnen zu sagen,

---

25   1. Korinther 12,1-11; Joel 3,1ff.

daß für sie ein Platz im Gemeindeschiff ist, in dem sie geborgen das Ziel erreichen können: für ewig in Gemeinschaft mit Jesus zu sein.

Klabautermann, Spuk und Gespenst?

Sie sind vielleicht erschrocken oder überrascht, daß wir hier in solcher Offenheit über die Geistesgaben sprechen, daß wir keine Scheu haben, das Reden in neuen Sprachen, Prophetie und Visionen zu nennen. Möglicherweise haben Sie noch nie so etwas gehört oder erlebt. Vielleicht sind Sie sogar dringend gewarnt worden, sich davon fernzuhalten, weil das doch alles reichlich gespensterhaft sei, was in verschiedenen pfingstlichen Versammlungen geschähe.

Nun, dieses Wort »gespensterhaft« ist kein neues Wort. Schon damals redeten die Jünger davon.[26] Sie sahen Jesus, wie er auf dem Meer wandelte. Solche Erfahrungen kannten sie nicht; Jesus hatte sich ihnen in dieser Weise noch nicht offenbaren können. Als er es tat, so berichtet uns die Heilige Schrift, schrien sie in großer Angst und meinten, ein Gespenst nähere sich ihnen. — Wie kann man die Wirkungen Gottes für falsch erklären, wie kann man den geliebten Meister als ein Gespenst bezeichnen? Wohl nur, wenn man ihn nicht richtig kennt. Doch Jesus verstand ihre Angst und rief durch das Getöse des nächtlichen Sturmes: „Fürchtet euch nicht, ich bin's doch, seid getrost!"

Ist nicht unser Christentum, das persönliche und auch unser Gemeindeleben, oft so arm, daß unsere Gottesdienste zu Form- und Traditionsveranstaltungen werden? Wie schläfern solche Gottesdienste ein, wie lustlos ist der Besuch solcher Veranstaltungen, weil man im voraus weiß, was geschehen wird, nämlich nichts Außergewöhnliches!

---

26 Ebenso ist das Wort »Sekte« kein neues Wort; es wurde zuerst auf die Jünger und die frühe Gemeinde Jesu angewendet: Apostelgeschichte 24,5.14

Jesus Christus will sich aber in der jeweiligen Situation besonders offenbaren, uns zur Hilfe.

Waren Sie einmal dabei, als Kranke geheilt wurden? Welch ein Jubel all derer, die sahen, daß Gott ein Wunder tat! Haben Sie erlebt, wenn Gott Menschen mit seinem Heiligen Geist taufte? Für die unbeteiligten Zuschauer mag es fremdartig sein, aber welch ein Jauchzen bei denen, die wissen: Das ist Jesus, der sich in einer tiefen Weise den Seinen offenbart!

Steig über den Bootsrand!

Wenn wir diese Geschichte lesen, gibt es dort viele Punkte, an denen wir für unser Glaubensleben lernen können. Auch bei Petrus können wir uns etwas »abgucken«. Petrus sieht, wie Jesus mit Majestät die Naturkräfte und Elemente überwindet. Schon ist sein Wunsch da, es auch tun zu können, und er sagt: „Herr, bist du es, so heiße mich, auf dem Wasser zu dir zu kommen!" Das ist Glaube; denn Petrus weiß, auf das Wort des Herrn kann er bauen! Der Glaube wird ihn tragen und ihm neue Erfahrungen schenken. — Tatsächlich, Jesus spricht: „Komm her!" Petrus praktiziert seinen Glauben und ist dadurch fähig, etwas zu tun, was für Menschen sonst unmöglich ist: Er wandelt auf dem Wasser! Ich finde es großartig, daß Petrus über den Bootsrand hinaustritt und Jesus entgegengeht. Es ist also auch für Petrus möglich, die Elemente zu überwinden; denn er ist auf dem Weg zu Jesus. Er hat sich zu Jesus gesellt und dadurch die hohe Berufung der Christen wahrgenommen: in der Kraft Jesu zu leben.

Gottes Absicht ist es, uns so wie Jesus zu machen. Er will, daß wir Jesus zu unserem großen Vorbild nehmen, daß wir ihn so lieben, ihm so gehorchen und dienen, daß wir allezeit mit ihm sind. Dann werden wir auch in seiner Kraft herrliche Siege erleben.

Typisch Unglaube

Sie kennen die vielen Gemälde und Kirchenfenster, auf denen der sinkende Petrus dargestellt ist. Ich finde, das ist eine Tatsachenverdrehung. Will man einen sinkenden Jünger darstellen, dann kann man jeden beliebigen Christen nehmen, oder der Maler könnte sich selbst zeichnen. Daß Petrus sank, ist eine ganz alltägliche Begebenheit; das Großartige und Darstellenswerte aber ist, daß er fähig war, auf dem Wasser zu wandeln. Darauf sollte man sehen! Zu sinken begann Petrus, als er seinen Blick von Jesus wegwandte.

Doch der Herr hat ihn ja wieder hochgezogen.

Lassen Sie sich Mut machen!

Wagen Sie heute im Vertrauen einen Schritt zu Jesus hin! Bitten Sie ihn um neue, herrliche Erfahrungen mit ihm. Wenn wir vom Herrn uneigennützig Größeres erbitten, wünschen wir nichts Absonderliches, sondern daß Gottes Verheißungen in unserem Leben in Erfüllung gehen. Bitte keine Angst; denn Gottes Wort sagt:

„Wo der Geist des Herrn ist, ist Freiheit."
„Alle Dinge sind möglich dem, der da glaubt." [27]

Geisteskraft, Geistesgaben, Geistesfrucht [28], Heilung und Wunderwirkungen sind möglich durch den Namen Jesu. [29] Sie geschehen vielerorts; sie können auch bei Ihnen Wirklichkeit werden.

27 2. Korinther 3,17; Markus 9,23
28 Galater 5,22; Johannes 15
29 ... im Namen Jesu, in seiner Vollmacht, in der Verbindung mit ihm: Markus 16,17f.

Nicht Machtergreifung —
Kraftempfang!

Der Heilige Geist und die Zeugen

Wir nehmen einmal Apostelgeschichte 1,4-8 unter die Lupe.

Herr, gibst du in jener Zeit... die Königsherrschaft wieder...? (Vers 6) Alle Gesellschaftsschichten haben Menschen, die darauf brennen, daß ein neues Reich, eine neue Regierung, ein neuer Präsident, ein neuer Vorsitzender kommt. Machtwechsel sind Gelegenheiten, selbst an die Macht zu kommen oder wenigstens Mitregent zu werden. — Diese Tatsache vorausgesetzt, begreift man vielleicht die Reaktion der Jünger: Jesus hat ihnen die Kraft des Heiligen Geistes in Aussicht gestellt, die Verheißung des Vaters, die Taufe im Heiligen Geist. Sie jedoch spekulieren auf die Macht. Und zwar durch die Aufrichtung der Königsherrschaft in Israel.

Oft und viel ist über diese ungeistliche Haltung der Jünger gepredigt worden. Aber waren die so viel anders als wir? Steckt da nicht in jedem — sagen wir, in fast jedem — die unheimliche Sehnsucht, an die Macht zu kommen?

Was die Jünger vor Pfingsten als Wunschgedanken oder auch nur interessehalber aussprachen, haben das nicht später die anderen sogenannten Jünger, Apostel, Bischöfe, Kirchenfürsten zielstrebig verfolgt und erreicht? Sehr bald wollte die »Kirche« nur noch an die Macht kommen, herrschen, bestimmen, das Sagen haben. Sprechen wir nicht im einzelnen über die Intrigen, Diplomatie, Anpassung... Alles wurde versucht, um nur an die Macht zu kommen oder dranzubleiben. Furchtbarer Tiefpunkt der Kirche: Bald besaß sie Armeen und Heere, kommandiert von kirchlichen Fürsten. Ist es nicht erschreckend, daß die Kirche an der Macht war bei Kaisern und Königen, in Republiken und Demokratien, an der Macht ist in »linken« und »rechten« Regierungen?

Religion, auch die »christliche«, muß eine feine Kaugummisorte sein, um in aller Mund zu sein und zwischen den Zähnen aller bestehen zu können. Zuletzt wird sie aber doch ausgespuckt; einige haben es offiziell schon getan, siehe Albanien.

Verlassen wir die Weltbühne. Nehmen wir die sogenannte kleine Welt: die Familie, die Gemeinde, den Hauskreis, die Jugendgruppe oder was immer einem einfällt. Wie steht es da um die Frage: „Wann werde ich an die Macht kommen?" Man kann dies ja auch als frommdemütiges Gebet tarnen: „Herr, wann wirst du mich an den Platz bringen, wohin ich doch eigentlich gehöre...?"

An die Macht kommen — viele Unwürdige haben es geschafft! Sie herrschen, regieren, versklaven, unterdrücken, ja, sie beuten aus, leben auf Kosten anderer. Alles muß nach ihrer »Schrifterkenntnis« gehen. Kleidung, Frisur, Familienplanung. Ja, selbst die Intimsphäre wird »ausgeseelsorgt«, um besser herrschen zu können. Jeder Zweifel, jede Regung wird mit »Rotte Korah«[30] ausgetrieben. Wenn die Gemeinde zerbricht, die jungen (oder älteren) Seelen in die Welt getrieben werden — was macht's, Hauptsache, an der Macht bleiben...

Herr, erlöse uns von diesem Übel! So kann man wirklich beten. ... von dem Übel machtbesessener Pastoren, Ältester, »Gabenträger« und christlicher Funktionäre. Wer so Menschen und Dinge gebraucht, um andere zu unterdrücken, mißbraucht die Gaben des Geistes und die Ämter des Herrn. Leider sind manche Dornsträucher Könige geworden[31], weil edle Reben sich zu schade sind (oder sich zu schlecht vorkommen?), Führer zu sein. — Paulus mahnt uns (1. Korinther 7,23): „Werdet nicht Menschenknechte!" (Aber bitte jetzt dieses Argument nicht gebrauchen, um selbst an die Macht zu kommen!)

Jesus verspricht seinen Jüngern Kraft! Auf die Frage, wann sie zur Macht gelangen, gibt Jesus ihnen eine schroffe Antwort: Es geht euch nichts an, wann und durch wen mein Vater diese Macht offenbart. Euch geht es vielmehr an, daß ich für euch Kraft habe! So viel Kraft, daß ihr Z e u g e n sein könnt.

Zeuge sein — das ist übrigens viel, viel mehr, als ab und zu ein Zeugnis zu sagen. Die verheißene Pfingstkraft ist eine Stärke, die den einzelnen befähigt, so standhaft zu sein, daß er treu bleibt, auch wenn es das Leben kostet. „Ihr werdet meine Zeugen sein" — das Wort „Zeugen" heißt griechisch „martyroi", daher unser Wort „Märtyrer". Ich denke nicht, daß alle wahren Christen für Jesus

30 Korah und seine Rotte wurden, nach einem Aufstand gegen Mose, von Gott tödlich bestraft. (4. Mose 16)
31 Richter 9,15

sterben müssen. Alle wahren Gläubigen müssen aber für ihn leben! Das Letztere ist oft schwerer als das Erstere. Doch niemand kann für Gott leben, ohne auch für ihn oder seinetwegen zu leiden. Jeder Christ muß um Jesu willen erdulden, ertragen, erleiden, verzichten, opfern.

Sterben, in die Erde fallen, Rechte aufgeben, Schmerzen erleiden können — das Reich Gottes ist immer so gebaut worden. Zuerst von Jesus, dann von allen seinen Knechten und Mägden.

Die verheißene Pfingstkraft ist mehr als ein gutes Gefühl, neue Sprachen, Wundergaben. Preis dem Herrn für gutes Gefühl (ich fühle mich immer schlecht, wenn ich mich nicht gut fühle)! Gerne bete ich auch in neuen Sprachen, und wenn erst die ganze Versammlung singt, ist das schon ein großartiges Erlebnis mit viel Freude und Auferbauung. — Aber das ist nicht alles!

Gottes »Brennstab«, der Heilige Geist. Gott verheißt uns mehr als schöne Gefühle und liebliche Erfahrungen. Wir sollen stark werden. Und stark werden wir dann, wenn Gottes »Brennstab«, der Heilige Geist, in uns gelegt wird.

Wir im AVC-Missionswerk arbeiten vorrangig in Ländern, wo Christen um ihres Glaubens willen verfolgt werden. Wiederholt hatte ich Begegnungen mit Menschen, die für Jesus Unsagbares gelitten haben.

Da ist zum Beispiel jener chinesische Christ: Elf Jahre war er in Maos Arbeitslagern und Gefängnissen. Ich frage ihn: „Wie war es? Bitte erzähle ein wenig!" Nach längerem Schweigen kommt nur ein Satz: „Hölle auf Erden." Ich dränge sanft, um ein bißchen mehr zu erfahren. Zögernd sagt er: „Wenn einer von zehn Gefangenen lebendig rauskam, war es Gnade; wenn es gar zwei oder drei waren, dann war es ein Wunder. Ich bin solch ein Wunder..." Mich bewegt die nächste Frage: „Wie konntest du all das Schreckliche überleben?" (Es war ja nicht nur das Gefängnis gewesen, sondern auch schwerste Arbeit, Hunger, Folter, Einsamkeit, »Gehirnwäsche«. Auf Betreiben des Regimes ließ seine Frau sich von ihm scheiden, und die Kinder sagten sich von dem Häftling los. Wie also konnte er das durchstehen?) Diesmal kommt seine Antwort ohne Zögern: „Durch den Heiligen Geist. Er gab mir Lieder, die mich trösteten und stärkten!"

Er und Unzählige andere, die 14, 20 oder mehr Jahre durch solche Folter gingen, blieben nicht nur stark, sondern gewannen andere Häftlinge für Jesus. Auch Schwerstverbrecher wurden Christen und begehrten im Gefängnis die Taufe (wie sie das dann anstellten, ist ihr Geheimnis). So geschah es zum Beispiel in der Sowjetunion, in Rumänien, China, Äthiopien.

Ja, die Taufe im Heiligen Geist ist eine Ausrüstung mit Kraft zum Zeugendienst.

Beten im Geist

oder: Wonach Gott sich sehnt...!

Die Frage: Was ist richtige Anbetung?

Wo sollen wir anbeten? Was ist die richtige Kirche? Wo ist die vollkommene Gemeinde, wo richtige Anbetung? Diese und ähnliche Fragen hat es immer gegeben und gibt es noch. Jesus hat die Frage klar im Gespräch mit der Samariterin beantwortet (Johannes 4,19-24). Alle, die sich noch immer mit solchen Fragen beschäftigen, sollten auf Jesu Antwort eingehen. Dann dürfte es ein Kleines sein, die rechte Gemeinschaft von Christen zu finden.

Die Antwort: GEIST und WAHRHEIT

Wie gut, daß es ungezählte Menschen gibt, die sich weder über den Anbetungsort noch über Gebetszeremonien streiten, sondern bemüht sind, so zu beten, wie es der himmlische Vater haben will. Gott sehnt sich ja nach echter, liebender Herzens-Anbetung. „Die Stunde ist da", sagt Jesus (mit anderen Worten: Es hat begonnen), daß Gottes Sehnsucht erfüllt wird: Anbeter sind da, „die den Vater im G e i s t und in der W a h r h e i t anbeten; denn solche Anbeter möchte der Vater haben!"[32] Und „weil Gott Geist ist, müssen (ja, hier steht das Wort »müssen«!) ihn die Anbeter also im G e i s t und in der Wahrheit anbeten."

Diese Wahrheit finden wir durchgängig im gesamten Neuen Testament. Paulus beschließt seine Abhandlung über die geistliche Waffenrüstung mit folgendem Vers (Epheser 6,19): „Und betet stets in allen Anliegen mit Bitten und Flehen im Geist!" — Im Judasbrief (Vers 20) lesen wir: „Ihr aber, Geliebte, euch selbst auferbauend auf euren allerheiligsten Glauben und betend im Heiligen Geist, erhaltet euch in der Liebe Gottes!"

Immer wieder also die Ermahnung, nicht nur zu beten, viel zu beten, laut oder leise zu beten, sondern: „Betet im Geist!"

Was ist das, Beten im Geist?

Viele Gläubige meinen, man solle immer nur in seinem Innern, im Herzen oder in den Gedanken Verbindung mit dem Herrn haben. Das habe ich auch lange gedacht. Doch ich bin zu einer andern Überzeugung gekommen und denke, die richtige Antwort aus der Bibel gefunden zu haben.

In 1. Korinther 14,15 stellt Paulus die Frage: „Wie soll es denn sein?" und beantwortet sie so: „Ich will beten im Geist und will auch beten im Sinn!" — Vers 14 belegt, daß »Beten im Geist« das Beten in neuen Sprachen (Zungen) ist: „Denn wenn ich in Zungen bete, so betet mein Geist." — Beten ist ja Reden mit Gott. In Vers 2 steht dazu folgende Aussage: „Wer aber mit Zungen redet, der redet Ge-

32 Vers 23

84

heimnisse mit Gott." Er betet geistlich, ohne Verstandes-
argumente, die leider häufig egoistisch sind. Er redet in
innigster, tiefster Verbindung zu Gott, während das Beten
im Sinn oder Verstand leicht zu einem Kurzreferat oder einer Befehlsansprache an Gott gerät. — Ein ehrlicher Beter
wird auch mit der Römerbriefstelle (Kapitel 8, Vers 26) sagen müssen: „Wir wissen nicht, was wir beten sollen . . ."
Vielleicht sagst du: „Doch, ich weiß, was ich beten soll!"
Dann bedenke bitte, daß die Betonung wohl auf dem
Schluß liegt: „Wir wissen nicht, was wir beten sollen, wie
es sein muß . . ."

Darum bete nicht nur immer im Verstand — bete im
Geist, bete mit neuen Sprachen; es heißt ja auch: „Der
Geist selbst vertritt uns aufs beste mit unaussprechlichem
Seufzen . . . Der aber die Herzen erforscht, weiß, was des
Geistes Absicht ist; denn er vertritt die Heiligen so, wie es
Gott gefällt." (Römer 8,26-28). Wer also in neuen Zungen
betet, wird, durch den Geist, Gott wohlgefällig vertreten.

Ich schließe daraus immer: Wenn man im Geist betet,
hat man Gottes Wohlgefallen. Möchtest du Gottes Wohlgefallen auf deinem Leben? Bete in Zungen, und wenn du
diese Gabe noch nicht empfangen hast, dann bete, daß du
getauft wirst im Heiligen Geist! Aus der Heiligen Schrift
ist klar zu ersehen, daß die Gabe des Redens in andern
Sprachen in erster Linie eine Gebetsgabe ist. Deshalb sagt
der Apostel Paulus: „Ich wünschte, daß ihr alle mit neuen
Sprachen redet . . . Ich danke Gott, daß ich mehr in Zungen rede als ihr alle . . ." (1. Korinther 14,5.18) — Ist das
Reden in neuen Zungen notwendig, soll man diese Gabe
haben? Ich denke, ich könnte genauso auch fragen: Soll
man beten, ist das Gebet wichtig?

Die Zeit ist da!

Gott hat seinen Geist ausgegossen und ist weiter dabei; wir lesen darüber in vielen Berichten und Zeitschriften von überallher. Menschen werden im Heiligen Geist getauft und preisen den Herrn in neuen Sprachen — wie zu Pfingsten. Und überall, wo Gottes Geist empfangen wird, da wird intensiv gebetet. So gebetet, wie Gott es haben will, nämlich im Geist. Erinnern wir uns an obige Bibelstelle: „Betet in allen Anliegen im Geist..." — Und der junge Timotheus wird ermahnt: „Entfache die Gabe, die in dir ist...!" (2. Timotheus 1,6)

Unserer Jugend wie den Alten wollen wir zurufen: Betet im Geist, betet in neuen Zungen! Gott hat uns diese Gabe geschenkt, damit wir uns erbauen[33] (1. Korinther 14,4). Und erbaute Christen sind bessere Gemeindeglieder, und bessere Gemeindeglieder ergeben bessere Gemeinden. Oder?

Gott ist Geist, und die ihn anbeten, müssen — und dürfen! — ihn im Geist und in der Wahrheit anbeten.

---

33 Erbaut werden, das heißt aufgebaut, stark und frisch, gesund werden.

Gesundgeschrieben

Erfahrungen und Gedanken über Heilung

Was Krankheit ist, wissen wir aus eigener Erfahrung. Meine Frau mußte wegen Krebs operiert werden. Ich selbst hatte eine schwere Nervenwurzelreizung, was immer das ist. So jedenfalls lautete die Diagnose in der Uniklinik Bonn. Alle Versuche, mir zu helfen, schlugen fehl, und sogar die stärksten Spritzen blieben zuletzt ohne Wirkung. So verließ ich das Krankenhaus auf eigenen Wunsch und quälte mich über Wochen zu Hause weiter. Leidige Hiobströster sind da schnell zur Stelle.

Ich praktizierte die Empfehlungen der sogenannten „Glaubensliteratur":

1. Buße und Bekenntnis. Nur wo Sünde sei, sei auch Krankheit. So einfach erklären das einige, solange andere krank sind.
2. Glauben positiv bekennen, sagen die andern, und schon sei alles gut.
3. Einfach die Krankheit ignorieren! Doch so kann man, insbesondere bei anfänglicher Schmerzfreiheit, schnell und unbemerkt zum Selbstmörder werden.

4. Ein anderer guter Rat war: „Dem Teufel gebieten, daß er abhaut und gleich die Schmerzen mitnimmt!"

5. Ganz wirksam soll Lobpreis sein. Einfach singen, loben und Gott preisen, und alles werde wieder gut.

6. Mir empfahl man auch: „Wir beten jetzt — dann wirf einfach die Krücken weg, und du bist geheilt. Bruder, glaube und geh' ohne Krücken!" Der „Glaubensbeter" hat dann seinen Augenblicks-Erfolg und sieht, daß es geht. Der Kranke dagegen bekommt womöglich noch mehr Schmerzen und eine zusätzliche Enttäuschung, weil er halt keinen „Glauben" hat, sonst wäre...

7. Eine weitere Variante lautete: Einfach immer irgendeinen Bibelvers, der von Heilung spricht, wiederholen, bis man gesund sei. Jemand hatte es auf viele hundert Wiederholungen gebracht, und siehe da, nach einigen Tagen war die Grippe weg...

Der geneigte Leser mag mir glauben, daß ich so ziemlich alles Genannte und anderes probiert habe. Ich habe geweint und den Teufel ausgelacht, gelobt und gebetet, gefastet und gefleht, aber die Schmerzen waren immer noch da. Auch die stärksten Zäpfchen brachten nur kurzen Schlaf. Überhaupt hatte ich Probleme, Medizin zu nehmen.

Meinen 50. Geburtstag hatte ich mit meiner Frau und lieben Freunden in Südafrika gefeiert. Abgesehen von einem langen Krankenhaus-Aufenthalt in der Kindheit, an den ich mich kaum erinnere, war es mir stets sehr gut gegangen. Unpäßlichkeiten ertrug ich lieber, als Tabletten zu nehmen. Ich erlebte, ohne Medizin zu nehmen, regelrechte Wunder der Bewahrung auf meinen Weltreisen.

Doch dann zog ein „dunkler Herbst" in unserem Leben auf.

Durch eine schöne Fügung begleitete mich meine Frau auf dieser Missionsreise im Sommer '85. Sie sollte eigentlich operiert werden und war schon im Krankenhaus. Ich saß an ihrem Krankenbett, und für den nächsten Tag war der Eingriff geplant. Die Ärztin gab letzte Anweisung, wie sie sich auf den kommenden Tag vorbereiten sollte, und verabschiedete sich. Nur wenige Minuten später war sie wieder da. Ganz aufgeregt sagte sie: „Frau Sardaczuk, hier habe ich Ihre Schilddrüsenwerte. Ich kann Sie morgen wohl zum Einschlafen bringen, aber ich bin nicht sicher, ob Sie auch wieder aufwachen." Sie war nämlich die Narkose-Ärztin. „Nein, bei dieser Überfunktion der Schilddrüse kann die Operation nicht stattfinden!" Ich fragte: „Was nun?" — „Sie kann morgen das Krankenhaus verlassen und von ihrem Hausarzt behandelt werden. Danach soll sie wiederkommen."

Ich ermutigte meine Frau, mit auf die Dienstreise zu gehen und Gott zu vertrauen. Eigenartigerweise empfahl sogar ihr Hausarzt diese Reise, obwohl er anfänglich davon abgeraten hatte. Wir beteten um Heilung, vertrauten dem Herrn, meine Frau setzte alle Medikamente ab, und bald befanden wir uns in Afrika.

Nach unserer Rückkehr ging Kriemhilde zur Untersuchung. Dabei bezeugte sie dem Arzt ihre Heilung und sagte ihm auch, daß sie die Medikamente nicht genommen habe. Verständlicherweise war er verärgert und meinte: „Wenn Sie meine Anweisungen nicht befolgen, dann suchen Sie sich bitte einen anderen Arzt. In Ihrem Fall wird es durch das Absetzen der Medikamente schlimmer als je zuvor." Meine Frau entgegnete: „Wen Gott heilt, den heilt er ganz!" Sein letzter Kommentar dazu: „Na ja, bei Gott ist kein Ding unmöglich."

Unumstößlich war und bleibt das Ergebnis: Ihre Schilddrüse ist bis heute geheilt und völlig normal. — Preis und Dank dem Herrn Jesus Christus, der heilender Arzt war und ist! — Ein anderes göttliches Wunder erlebte sie am Knie, durch die Heilung von Arthrose.

Nun, im Oktober 1985 sollte vorsichtshalber eine Gewebeprobe entnommen werden. Als meine Frau aus der Narkose aufwachte, wußte sie spontan, daß ein bösartiger Tumor entfernt worden war. Der Krebs hatte sogar schon gestreut, so daß auch Lymphdrüsen befallen waren und entfernt werden mußten. Im Glauben, keinen Krebs zu haben, war sie in die Behandlung gegangen, sonst hätte sie wohl die Amputationsbewilligung nicht unterschrieben.

Nach zwei wunderbaren göttlichen Heilungen, ohne ärztliches Hinzutun, hier jetzt ein operativer Eingriff? Der irritierte Leser möge bitte weiter aufpassen: Beim ersten Besuch nach der Operation habe ich am Krankenbett meiner Frau Luftsprünge gemacht (zum Glück waren wir gerade allein im Zimmer). Wir priesen miteinander Gott, weil wir spürten, daß ER da war; denn auch dieses geschah unter Gottes Zulassung! Er hat auch hier, diesmal zwar unter Mitwirkung von Menschenhänden, Hilfe gebracht. Meine Frau ist jetzt nämlich krebsfrei, obwohl sie die Chemotherapie abgebrochen hat und sich im Gebet und Glauben auf die Hilfe Gottes verließ. Leider ist sie nicht immer schmerzfrei, verursacht durch Wasserstau im Arm.

Zurück zu mir: Ich lief an zwei Krücken und war gefährdet, in Depression zu fallen; denn die erwartete Hilfe kam nicht, obwohl weltweit für mich gebetet wurde.

Eines Tages besuchte mich ein Bruder aus Holland. Wir hatten bereits andere Gäste im Haus, denen ich den Bruder so vorstellte: „Jetzt wird ein Wunder geschehen; denn dieser Mann war Missionar in Indonesien und hat nachweislich drei Totenauferweckungen erlebt!" — „Ja, ja," antwortete er schlicht, „aber ich habe da mindestens schon für 100 Personen gebetet, bei denen nichts geschehen ist!" Diese ehrliche Reaktion, ohne falsche Demut, aber auch ohne Furcht, die Ehre Gottes zu schmälern, bewirkte in mir eine Befreiung. Die meisten „Glaubenshelden" und „Heiler" erzählen nämlich nur von ihren Erfolgen.

Des weiteren brachte mir der liebe Bruder Jan noch das Danken für die Krücken bei, da diese mir doch beim Gehversuch behilflich waren. Auf jeden Fall löste sich etwas in mir. Ich begann wieder meinen Reisedienst, wenn auch unter starken Schmerzen. Einige waren gar nicht froh, einem Pastor mit Krücken die Kanzel zu überlassen. Meistens begann ich, um die Atmosphäre zu lockern, mit der Feststellung, daß ich jetzt einen „Lehrstuhl" innehätte. Ich konnte ja nur sitzend predigen. Dafür wurde aber die Ansprache ein bißchen länger.

Am Ende eines solchen Predigtbesuchs in Hildesheim packten wir wieder mühsam unseren Wagen. Ich schleppte mich mit dem Gepäck ab — plötzlich merkte ich etwas und sagte zu meiner Frau: „Schatz, jetzt ist etwas geschehen!" Danach ging es besser.

Am Ostersonntag 1986, während meiner Bibelwoche in Emmetten/Schweiz, konnte ich wieder stehend predigen. Und das — Preis dem HERRN — bis zum heutigen Tag! Gott hatte mich angerührt und völlig geheilt. Ich war nicht mehr ins Krankenhaus zurückgegangen. Schwimmen und einige Naturheilmittel hatten die Heilung allerdings gefördert.

Dann, Anfang Dezember 1987, kam die nächste Sache: Morgens war ich noch im Büro, abends schon operiert, jedoch mit Fehldiagnose. Eine schmerzhafte Bauchspeicheldrüsen-Entzündung hatte meine Frau veranlaßt, die Ärztin zu rufen. Ich landete einige Minuten nach der Untersuchung im Krankenhaus. Leider hat diese unnötige Operation meinen Zustand verschlechtert. Durch weitere Untersuchungen stellte man die wirkliche Krankheit fest. Die Ärzte informierten meine Frau über ihre Besorgnis, ob sie mein Leben überhaupt noch retten könnten. Ich darf bekennen: Als ich dies erfuhr und wahrnehmen mußte, daß mein Leben sehr schnell zu Ende sein könnte, hatte ich nicht eine Sekunde Todesangst. Durch ein Gotteswort war ich getrost und meines Heils gewiß.

Ich rief die Ältesten unserer Gemeinde; sie beteten für mich und salbten mich mit Öl nach Jakobus 5,14-16. Dabei kam die Gewißheit in mein Herz, daß ich geheilt bin. Leider glaubten die Ärzte das nicht; denn die Werte waren auch nicht gleich in Ordnung. So blieb ich noch Wochen auf der Intensivstation. Heiligabend, Silvester und bis ins neue Jahr, fast sieben Wochen dauerte der Krankenhaus-Aufenthalt. Aber auch für diese Erfahrung danke ich Gott und weiß, es war seine gütige Hand, die mich errettet hat!

Warum diese lange Beschreibung über Krankheit? Ich wollte Ihnen zeigen, daß ich „etwas vom Thema verstehe". In der Zeit, als ich durch Schmerzen ging und krankgeschrieben war, habe ich die Wahrheit des Wortes Gottes gelernt: In der Bibel bin ich *„gesundgeschrieben"*!

Ich könnte hier eine ausführliche Auflistung von persönlich bezeugten Heilungen bringen. (Gott segnete mein Gebet für Kranke wiederholt, manchmal sogar spontan. Ja, ich sah, wie eine Frau aus dem Rollstuhl aufstand und ging, obwohl sie anfangs nicht alleine stehen konnte. Ich erhielt Briefe, die voller Freude waren, weil Gott meinen Dienst des Gebets mit Handauflegung bestätigt hatte.)

Aber das hieße eben, nur die Erfolge zu erzählen und die Vielzahl der Ungeheilten zu ignorieren.

Aber bitte biblisch!

Persönliche Erfahrungen und Erlebnisse mit Krankheit oder Heilung, die man erbetet und wünscht, sind gut und richtig. Wir dürfen daraus aber keine Methoden machen und schon gar nicht an den Punkt kommen, daß wir Gesundheit und Heilung um jeden Preis wollen. Nein, sondern nur auf dem Boden des Wortes Gottes!

Was sagt nun die Bibel zu dem Thema Heilung oder überhaupt zu Gesundheit, Wohlergehen, langem Leben, Altwerden etc.?

Gehen wir an den Anfang der Bibel. Schon auf dem ersten Blatt des Alten Testamentes lesen wir, daß Gott den Menschen schuf, ihn segnete, zum Herrscher und Verwalter über die Erde einsetzte und ihm Autorität gab, alles zu besitzen und zu beherrschen. Gott wollte den Menschen testen, ob er dankbar ist; er wollte wissen, ob der Mensch seinen Schöpfer liebt. Deshalb gab es eine Prüfung: Einen einzigen Baum im Paradies hatte sich Gott vorbehalten; davon sollte der Mensch nicht essen.

Auf Adam und Eva wartete also ein gesundes, schönes Leben, ein Leben in Wohlergehen und Frieden mit der Natur, der Kreatur und dem Schöpfer. Schmerz, Krankheit und Tod waren unbekannte Dinge. Der Mensch brauchte sich davor nicht zu fürchten, nein, er kannte sie überhaupt nicht.

Woher kommen Krankheit und Tod?

Mit dem Mißtrauen und Ungehorsam gegen Gott kam der Fluch über die Erde: Die Arbeit wurde zur Mühsal, das tägliche Brot mußte im Schweiße des Angesichts erarbeitet und die Kinder mit Mühsal zur Welt gebracht werden. Auch der Tod war die Folge dieses Ungehorsams. Das alles kam nicht „aus heiterem Himmel". Gott hatte gewarnt: Wenn du ungehorsam sein wirst, wird der Tod dich treffen!

Wir lernen daraus: Gott liebt die Menschen. Er will, daß es ihnen gut geht, und hat Vorsorge getroffen, daß sie in Frieden und Harmonie leben können. Die Voraussetzung dafür heißt: Gott lieben, ihm vertrauen und gehorchen.

Leider kam es anders. Der Mensch entschied sich gegen Gott und erntete daraus eben auch Krankheit und Tod. Obwohl nun diese Fakten entstanden waren, hat Gott, so lesen wir, im Verlauf des Alten Testamentes immer wieder Heilungen gewirkt. Wenn Menschen sich im Gebet an Gott wandten, Buße taten und ihre Verschuldungen bekannten, erlebten sie Heilung. Außerdem erfuhren sie Gesundheit und materielles Wohlergehen.

Eines Tages erwählte Gott einen Mann namens Abraham. Er verlangte von ihm nicht Leistungen, sondern Vertrauen (Glauben). Gott versprach, Abraham zu segnen und ihn zu einer großen Nation zu machen: Israel. Mit dem Volk Israel schloß Gott einen Bund und sagte: „Wenn ihr in meinen Geboten wandeln und meine Rechte halten werdet, dann werde ich euch segnen, und es wird euch gut gehen. Ihr werdet bewahrt bleiben vor Krankheiten und Plagen, durch welche Völker um euch herum zugrunde gehen. Aber wandelt in meinen Geboten, haltet meine Gesetze und vertraut mir!" (Vergleiche 5. Mose 28 und 7,14-15.)

Nun könnte man eine lange Bibelarbeit über die vielen Begebenheiten machen, die Gott durch Propheten und leitende Männer seines Volkes gewirkt hat. Es geschahen ganz ungewöhnliche Heilungen: Aussätzige wurden in einem Augenblick komplett rein, Blinde konnten wieder sehen und Lahme gehen, ja, vereinzelt wurden sogar Tote auferweckt. Und mehr als das — Gottes persönliches Angebot an Israel lautete nach wie vor: „Ich will euer Arzt sein!"

Die genannten Krankenheilungen und Wunderwirkungen Gottes waren ein Zeichen, daß Gott die Menschheit liebt und sie nicht verworfen hat.

Wir brauchen einen Erlöser!

Andererseits war aber die *Schuld* der Menschheit nicht gesühnt. Durch die Gebete und Tieropfer war die Sünde zwar bedeckt, aber nicht ausgelöscht. Auf den ersten Blättern der Bibel (1. Mose 3,15) hatte Gott angekündigt, daß er einen Erlöser schicken und in dieser Welt einen zweiten Versuch machen würde, Mensch und Kreatur einen guten Verwalter zu geben. Diese Verheißung bezog sich auf Jesus. Gott war willens, seinen eigenen Sohn in diese Welt zu senden. ER wurde in menschlicher Gestalt zu uns geschickt, damit er wie ein jeder Mensch lebte und erfuhr, was es bedeutet, Fleisch und Blut zu haben und in einer Welt der Versuchung zu leben.

Jesus kam also, wurde Mensch. Seine Geschichte ist uns aus dem Neuen Testament bekannt: Geboren in einem Stall, aufgewachsen als „armer Leute Kind" und wirksam als Bauarbeiter, hat er selbst das Leben im Alltag erfahren. Er wurde durch alle Höhen und Tiefen des menschlichen Lebens geführt. Doch Jesus widerstand, kämpfte sich durch, hielt und erfüllte alle Gebote Gottes. Deshalb war er frei zum Leben! Der Tod hatte kein Anrecht an ihn, weil er nicht schuldig geworden ist. Durch das Halten der Gebote Gottes hat er Gottes Voraussetzungen erfüllt.

Viele Propheten, darunter besonders markant der Prophet Jesaja, formulierten im voraus die Aufgabe Jesu, also das, was er für die Menschheit vollbringen sollte: Der Sohn Gottes soll Knecht werden. Alle Forderungen Gottes muß er erfüllen. Wenn er das getan hat, kann er freiwillig sein Leben zum Schuldopfer und zur Versöhnung darbringen. Damit entsteht wieder Harmonie, Einklang und Frieden mit Gott.

Wir lesen in Jesaja 53, ab Vers 4 etwa folgendes: „Fürwahr, ER ist geschlagen und gemartert worden. Auf ihn ist die Strafe gelegt. Er trug unsere Sünden, nahm auf sich unsere Krankheiten und Schmerzen. Durch ihn ist Frieden, Heilung, Versöhnung, ewiges Leben wieder möglich."

Wir wissen, Jesus war gehorsam und bereit, ans Kreuz zu gehen. Er starb dort auf Golgatha für unsere Sünden, nahm in der Geißelung (wo sein Körper gefoltert, gemartert und zerschlagen wurde) auf sich die Schmerzen und Krankheiten der Menschheit und vollbrachte die Versöhnung. In seinen Wunden ist Heil(ung)!

Petrus, Jünger Jesu, schreibt in einem Brief an die Christenheit (1. Petrus 2,24), daß Jesus selbst für uns ans Kreuz gegangen ist. Am eigenen Leib hat er alle Sünde und Schuld dort hinaufgetragen. Er hat sich dabei nicht doubeln lassen; es gab keinen Stuntman, der für ihn die beispiellos gefährliche Situation übernommen hätte. Kein Engel, Prophet oder „heiliger Mensch" war fähig zu diesem Dienst. ER hat auch nicht nur symbolisch das Kreuz getragen, sondern Leiden und Schmerzen ganz körperlich, praktisch und normal auf sich genommen. *Daraus folgert Gottes Wort, daß nicht nur unsere Sünden vergeben sind, sondern als Zugabe auch Heilung für uns erworben wurde.* Der Urzustand aus dem Paradies ist also gewissermaßen durch Jesus wiedergewonnen: Wer an Jesus Christus glaubt und ihm vertraut (Jesus am Kreuz ist gleichsam erneut der „Baum" aus dem Paradies, nur hier im umgekehrten Maße), wer kommt, die „Frucht" nimmt und an die Kreuzestat Jesu glaubt, erfährt die Zurückversetzung in Gottes ursprüngliche Absicht — Gesundheit und ewiges Leben auch für den Körper.

Jesus ist nicht als Märtyrer am Kreuz gescheitert, sondern er rief aus: „Es ist vollbracht!" Jesus hat die Rechnung beglichen, er hat das wieder für die Menschheit zurückerobert, was Adam im Paradies verlor. (Ja, mehr als das — die ewige Gotteskindschaft ist möglich! 1. Korinther 15,45; Johannes 1,12; 1. Johannes 3,1-3.)

Wo ist das Heil?

Ja, diese Frage mag sich der Leser stellen: Wo ist denn dieses Heil? Da gibt es doch viele, die an Jesus glauben und trotzdem krank sind. Andere, die ihn so herzlich lieben, daß sie sogar bereit sind, aus Treue zu seinem Wort ihr Leben zu lassen, sind oft sehr geplagt, gehen durch Schwierigkeiten und unsagbare Nöte. Wo ist dieses Heil?

Die Frage ist wichtig, und wir dürfen ihr nicht ausweichen. Es gibt darauf aber auch fundierte Antworten aus der Bibel. Bevor wir weiter darauf eingehen, sei eine grundsätzliche Tatsache zur Kenntnis gegeben: Der Teufel, der Adam und Eva im Paradies das Heil nicht gönnte, ist ja immer noch — obwohl auf Golgatha besiegt und verurteilt — auf freiem Fuß. Er treibt immer noch sein Unwesen, weil es genügend Menschen gibt, die sich lieber seinen Machenschaften anschließen, als Gott zu gehorchen. Der Teufel darf also immer noch Macht auf dieser Erde ausüben. Jesus selbst nennt Satan den „Fürsten dieser Welt". Seine Zeit ist zwar begrenzt, und wir beten und warten, daß er bald gebunden und in die untersten Örter verbannt wird. Aber noch ist er tätig. (Man lese u. a. Lukas 10,18-20; Johannes 14,30; Kolosser 2,15; 2. Korinther 2,14; Offenbarung 12,12b und 20,10.)

Fassen wir zusammen, was bisher gesagt wurde: Weil Gott die Menschen lieb hat, will er, daß alle Menschen gerettet werden und sie zur Erkenntnis der Wahrheit kommen. Gott ist der gute Vater, der mehr als schon ein irdischer Vater möchte, daß es seinen Kindern gut geht. Kein Zweifel, Gott will grundsätzlich, daß seine Kinder gesund sind und sich eines schönen Lebens erfreuen. (1. Timotheus 2,4; Jakobus 1,18; Matthäus 7,11; vgl. 3. Johannes 2. — Gottes Kind wird man allerdings nur durch Aufnahme Jesu und Entscheidung zum Leben unter seiner Herrschaft.)

Zum andern: Wer an Gott, den Schöpfer Himmels und der Erde, glaubt und darauf vertraut, daß er unser Helfer sein will, der hat auch *keine Zweifel zu glauben, daß Gott Kranke heilen kann.* Der Gott, der aus dem Nichts Himmel und Erde geschaffen hat, der aus einem männlichen Samen und einem weiblichen Ei einen neuen Menschen schaffen kann, ist auch in der Lage, das, was krank oder schwach ist an einem Menschen, zu stärken, zu erneuern und gesund zu machen.

Wie heilt Gott?

1. Es ist eine gottgegebene Tatsache, daß *der Körper* in sich selbst Heilungskräfte produziert. Oft werden Krankheiten, bevor sie zum Ausbruch kommen können, schon durch Gegenreaktionen des Körpers abgewehrt. Andere Krankheiten werden mit der Zeit durch entsprechende Abwehrkräfte wieder geheilt.
2. Wir sehen in der *Natur,* daß Gott für Krankheiten Gegenmittel hat wachsen lassen. Neben dem menschlichen Körper selbst birgt also auch die Pflanzenwelt Heilung für Kranke.
3. *Ärztliches Personal* ist in der Lage, menschliche Krankheiten zu heilen. Solche ausgebildeten und stu-

dierten Leute verordnen Medikamente und leiten Heilungsprozesse ein. Eventuell wird auch das, was krank ist, operativ entfernt. Jesus hat den schönen und wichtigen Satz gesagt: „Die Gesunden bedürfen des Arztes nicht, sondern die Kranken!" Also hat der Herr in seinem Plan ausdrücklich Menschen mit eingeschlossen, die Kranken helfen können. Dies geschieht durch Schwestern, Ärzte oder Personen, die sich damit beschäftigt haben, Gutes für die Gesundheit zu tun.

Die Andeutung dieser Fakten zeigt uns, daß wir einen Gott haben, der trotz des Sündenfalls den menschlichen Körper so belassen hat, daß der Tod aufgeschoben und Krankheit und Schmerzen beseitigt werden können.

Hier sei eine Warnung eingeschoben: *Bitte nicht Gesundheit um jeden Preis!!*
Gottes Widersacher, der Feind und „Menschenmörder" (Johannes 8,44), möchte seit jeher den Menschen in seinem Bann haben. Daher hat er mit Schmerzen, die er dem Menschen zufügt, zugleich auch den Köder ausgelegt, daß man nun möglichst bei ihm, dem Teufel, Hilfe sucht. Damit meine ich all das, was mit Esoterik und Zauberei, Geistheilung, Besprechen und dergleichen okkulten Dingen zu tun hat. Darum, wenn es hart auf hart kommt, lieber ein Leben lang krank bleiben!
Jesus sagt (Matthäus 5,29-30): „Lieber blind in den Himmel, als sehend in die Hölle..." Und er fügt hinzu (Matthäus 16,26 und Lukas 9,25): „Was nützt es einem Menschen, wenn er die ganze Welt gewinnt, seine Seele aber einbüßt?"
Darum also, Heilung nicht um jeden Preis!
Bitte seien Sie vorsichtig, lieber Leser, wer Sie wodurch heilen will. Aufgepaßt, wenn jemand sich „fromm"

nennt und vielleicht sogar in Drei-Gottes-Namen irgendwelchen Hokuspokus an Ihnen vollzieht, um Ihnen so Heilung zuzusprechen oder tatsächlich zu bewirken. *Es geht darum, ob die Heilung wirklich im Namen Jesu Christi geschieht, also aus der Vertrauensbeziehung zu ihm heraus.*

4. Allein *Gott, der Schöpfer,* kann Wunder tun und heilen ohne Nebenwirkung. Er kann in ein menschliches Leben eingreifen und einen neuen Schöpfungsakt vollbringen, ohne daß der Mensch dabei in irgendwelche zwanghaften Abhängigkeiten kommt.

Gott kann heilen! Gott will heilen!
Ich hoffe, daß diese beiden Aussagen bei den Kranken Zuversicht bewirken. Vielleicht bewirken sie aber auch Verzweiflung, und so mancher fragt sich: Wenn Gott kann und will, warum tut er es dann nicht? Diese Frage beschäftigt mich natürlich genauso wie die, die sich jetzt mit Krankheiten quälen, weil ich ja — wie anfangs gesagt — selbst lange Zeit durch Krankheitsnot gegangen bin. Wie lästig war es manchmal, die sogenannten „Glaubenszeugen" zu hören, die es sich so einfach und mir so schwer machten: „Glaub' nur, und dann hast du es . . .!"
Warum viele nicht geheilt werden? Aus meinem Bibelstudium habe ich zwei Antworten darauf gewonnen. Erstens: Einige will Gott nicht heilen. Zweitens: Einige kann Gott nicht heilen.
Der Evangelist Matthäus erzählt (12,38-42; 16,1-4), daß wiederholt religiöse Leute mit bemerkenswerten Anliegen zu Jesus kamen. So auch hier: Sie glaubten, daß Jesus Zeichen und Wunder tun kann — sie wollten Zeichen und Wunder sehen — sie erbaten, ja, forderten von ihm ein Zeichen. Doch Jesus sagte nein. Er gab ihnen kein

Wunder, sondern eine ordentliche Standpauke mit ungefähr folgendem Inhalt: „Du böses und ehebrecherisches Geschlecht (anders ausgedrückt: ihr Untreuen, Unentschiedenen, Halbherzigen), für euch gibt es nur ein einziges Zeichen, das Zeichen Jonas — mein Sterben und Auferstehen!" Damit ließ Jesus sie einfach stehen und ging weg.

Das Kreuz von Golgatha mit dem leeren Grab — dies ist also *das Zeichen der Zeichen!*

Freilich berichtet das Neue Testament an vielen Stellen, daß Jesus allen, die in Not und Krankheit zu ihm kamen, half und sie heilte. (Ich empfehle dem interessierten Leser, selbst nachzuschlagen in Matthäus 4,23; 9,35; 12,15; 15,30-31; 21,14 und Lukas 6,17-19.)

Doch wir dürfen nicht alles unterschiedslos in einen Topf werfen. Vergleichen wir zum Beispiel Matthäus 10 und Lukas 10: Einmal gab Jesus seinen zwölf, ein andermal siebzig Jüngern Auftrag und Vollmacht, Kranke zu heilen (bei den zwölf Aposteln kamen Dämonenaustreibung und Totenauferweckung hinzu). Dies waren spezielle Aufgaben, jeweils begrenzt auf Personen, Zeit und Ort. In Jesu Generalauftrag an alle Jünger (Markus 16,15 ff.; Matthäus 28,18-20) liegt der Schwerpunkt dagegen auf „. . . predigt das Evangelium aller Welt, . . . lehrt . . . und tauft . . .!" Wunder und Zeichen sollen daraufhin denen, die glauben, *folgen.*

Also, selbstverständlich darf jeder Gläubige nicht nur für sich Heilung erwarten, sondern auch für Kranke beten! Wer aber die Einzelheilungen Jesu (oder auch der Apostel) studiert, wird feststellen: Es gab hier kein „08/15-Prinzip". Einmal geschah Heilung nach Händeauflegen, das nächste Mal nach Dämonenaustreibung, hier nur auf einen Heilungsbefehl hin, dort mit einem Brei, der auf die kranke Stelle gelegt wurde. Die Reihe könnte beliebig fortgesetzt werden.

Zur Grundorientierung brauchen wir erfahrungsgemäß eine gesunde „geistliche Anatomie", also biblische Gesamtsicht und -lehre. Außerdem ist jede Person und Situation individuell und benötigt eine entsprechend *originale, geistliche* Behandlung. Dies kann in verschiedenen Fällen auch bedeuten, daß das erwünschte Wunder nicht geschieht!

Erinnern wir uns an meine Behauptung: Einige will Gott nicht heilen, und einige kann Gott nicht heilen. Diese Feststellungen machen Sie vielleicht etwas konfus und lassen Sie nach der Wahrheit fragen: Will Gott nun heilen oder nicht, kann er oder nicht? Ich gehe im folgenden darauf ein.

Wenn Gott nicht heilen will. Wer seine Bibel liest, weiß, das es Situationen im Alten und im Neuen Testament gab, wo Gott einfach nicht mehr helfen wollte. Dies war besonders dann der Fall, wenn sich der Mensch in seiner Dreistigkeit, Gemeinheit und Rebellion so sehr seinem Schöpfer widersetzte und von ihm entfernte, daß Gott sagte: „Gut, jetzt geh' deinen Weg, ich gebe dich los, du kannst tun, was du magst, und wirst sehen, daß du ins Verderben rennst!" Vorher hatte Gott jedoch durch Mahn- und Lockrufe sowie Segenszusagen alles versucht, dies zu verhindern.

Es gibt ein Verstockungsgericht! Die Bibel sagt, daß wir den Herrn rufen sollen, solange er nahe ist, und zu Zeiten, wenn er uns sein Heil anbietet. Es gibt ein „Zu spät" für das Seelenheil und sicher auch für leibliche Heilung. Das Volk Israel ist dafür ein Beispiel. Jesus sagte: „Jerusalem, Jerusalem, wie oft habe ich dich versammeln wollen, wie eine Henne ihre Küken unter ihre Flügel sammelt. Doch ihr habt nicht gewollt! Jetzt bleibt euch euer Haus überlassen; in eurer Selbständigkeit wird nur Unglück und Verderben über euch kommen."

Wenn Gott nicht heilen kann. Die Erklärung zu „Gott kann nicht heilen" finden wir ebenfalls im Alten und vor allem im Neuen Testament. Zum Beispiel heißt es in Markus 6,5-6, daß Jesus in seiner Vaterstadt selbst, außer einigen kleineren Heilungen, keine Wunder wirken konnte. Ursache war der Unglaube dieser Menschen.

Der Wille Gottes ist souverän, und das Handeln Gottes bleibt souverän. (Jemand hat gesagt: „Ich glaube nicht an den allmächtigen Glauben, sondern an den allmächtigen Gott!") Der Gott, der kann, „kann" auch nicht, weil er sich in seinem Wort und Wesen selber „Grenzen" auferlegt hat, die er nicht durchbrechen kann und will. Dabei hat er für den Menschen immer das Beste im Auge: die ungetrübte persönliche Beziehung zu ihm.

Sollte Gott durch menschliche Schuld am Wirken gehindert werden, gibt innere Umkehr die Möglichkeit, zu Gott zurückzukommen. Wenn wir in der Bibel lesen, daß der Herr barmherzig und von großer Güte ist, dann kann der, der aufrichtig bereut, oft auch noch Gnade finden, wenn es scheinbar hoffnungslos ist.

Des weiteren glaube ich aber auch, daß Gott einige nicht heilen will, weil die Krankheit in ihrem Leben erzieherische Maßnahmen bewirken soll. Der Mensch könnte sich sonst zum Beispiel von seinem Schöpfer entfernen, der Segnungen Gottes rühmen oder auch überheblich werden.

Es gibt noch andere, unergründliche Faktoren, die, wenn überhaupt, nur der einzelne persönlich fassen kann. Gott wird dann auch persönlich antworten, warum er ihn noch nicht, oder vielleicht auf der Erde überhaupt nicht, heilt.

Wesentlicher und unverzichtbarer als die körperliche ist für Gott jedenfalls die geistliche Kraft (z. B. Demut), und manchmal empfängt man das eine eben nur auf Kosten des andern.

Die Bibel mahnt: „Ohne *Heiligung* wird niemand den Herrn sehen!" (Hebräer 12,14). Zum Glück wird hier nicht *„Heilung"* erwartet, um vor Gott bestehen zu können. Heiligung ist heilsnotwendig, aber nicht Heilung. Im Gegenteil, viele haben erst durch Krankheit den Herrn gesucht und sind dadurch in der Heiligung gewachsen.

Das bekannte Zeugnis des Paulus (2. Korinther 12,7 ff.) mag uns ein Indiz sein. Der Apostel führte dreimal einen Gebetskampf, um von einem Problem, das ihm viel Mühe machte, befreit zu werden. Er schreibt vom „Pfahl für das Fleisch" und berichtet, Satan (ein Satansengel) schlage ihn mit Fäusten. Ich kann glauben, daß das Krankheit war. Der Herr gab Paulus zur Antwort: „Laß dir an meiner Gnade genügen; denn meine Kraft ist in den Schwachen mächtig!" Es mögen auch andere Gründe gewesen sein. Auf jeden Fall war da eine Not, und für sie bekam Paulus keine Befreiung, sondern Kraft zum Tragen.

Zur Anregung noch zwei Gedanken: Warum wohl macht Jesus Christus im Gericht von Matthäus 25 das Urteil von folgendem abhängig: „Ich war krank, und ihr habt mich (nicht) besucht..."? Er sagt nicht: „... ihr habt mich (nicht) geheilt..."!

Spätestens in der Ewigkeit werden wir auch über die Zahl derer staunen, die nie den rettenden Glauben an Jesus ergriffen hätten, wenn sie nicht zum Beispiel als Mitpatienten einen Christen gehabt hätten, der ihnen Zeugnis von Jesus gab...

Ein neutestamentliches Beispiel will ich hier noch erwähnen: Lazarus wird krank, die Schwestern rufen nach Jesus, er verzieht und läßt Lazarus sterben. Es gibt eine große Enttäuschung bei denen, die an Jesus geglaubt und von ihm die Heilung erwartet haben. Sie sind enttäuscht und sagen dies auch zu Jesus. (Lies Johannes 11!) Doch

Jesus tut mehr, als sie erwartet haben, er wirkt nicht nur Heilung, sondern sogar Auferstehung. Daraus schließe ich: Nicht jeder, der an den Herrn glaubt und ihn liebt, ja, von Jesus geliebt wird (Vers 3: „Herr, den du lieb hast, der ist krank...“), wird geheilt. Aber etwas Größeres geschieht jedem Glaubenden: Die Auferweckung aus den Toten und ewiges Leben!

Unsere Endbestimmung ist der Himmel

Prinzipiell ist unbedingt zu sagen, daß das Heil, das Christus erworben hat, ein Heil ist, dessen ganze Fülle erst offenbar wird, wenn wir in der Herrlichkeit bei Gott sind. Nach dem Erhalt eines neuen, verklärten, ewigen und geistlichen Leibes werden Krankheit und Tod zu Ende sein.

Nach Römer 8,23 haben die Gläubigen als wesentliches „Angeld“ und Unterpfand schon den Heiligen Geist empfangen, warten allerdings noch samt der Schöpfung auf die Vollendung der leiblichen Erlösung. Noch gehen wir hier durch eine irdische, materielle Welt und sind deshalb auch materiellen, weltlichen Gesetzen unterstellt. Lesen wir, wie eindringlich der Apostel Petrus seinen ersten Brief beginnt (Verse 1-9):

Petrus, Apostel Jesu Christi, an die Auserwählten, die als Fremde in Pontus, Galatien, Kappadozien, der Provinz Asien und Bithynien in der Zerstreuung leben, von Gott, dem Vater, von jeher ausersehen und durch den Geist geheiligt, um Jesus Christus gehorsam zu sein und mit seinem Blut besprengt zu werden: Gnade sei mit euch und Friede in Fülle!

Gepriesen sei der Gott und Vater unseres Herrn Jesus Christus: Er hat uns in seinem großen Erbarmen neu geboren, damit wir durch die Auferstehung Jesu Christi von den Toten eine lebendige Hoffnung haben und das unzerstörbare, makellose und unvergängliche Erbe empfangen, das im Himmel für euch aufbewahrt ist.

Gottes Macht behütet euch durch den Glauben, damit ihr das Heil erlangt, das am Ende der Zeit offenbart werden soll. Deshalb seid ihr voll Freude, obwohl ihr jetzt vielleicht kurze Zeit unter mancherlei Prüfungen leiden müßt. Dadurch soll sich euer Glaube bewähren, und es wird sich zeigen, daß er wertvoller ist als Gold, das im Feuer geprüft wurde und doch vergänglich ist. So wird (eurem Glauben) Lob, Herrlichkeit und Ehre zuteil bei der Offenbarung Jesu Christi.

Ihn habt ihr nicht gesehen, und dennoch liebt ihr ihn; ihr seht ihn auch jetzt nicht, aber ihr glaubt an ihn und jubelt in unsagbarer, von himmlischer Herrlichkeit verklärter Freude, da ihr das Ziel des Glaubens erreichen werdet: euer Heil.

Außerdem leben wir auch in einer feindlichen Welt, die von Satan beherrscht wird. Demzufolge müssen wir oft mitleiden, was andere verursacht haben. Wir werden in Problematiken mit hineingezogen, die nicht für uns gedacht und vorbereitet sind, deren Auswirkungen wir aber doch durchstehen sollen. Jesus kennzeichnet diese Situation so, daß Gott seine Sonne über Gerechte und Ungerechte scheinen läßt und es auf Gute und Böse regnet.

Als Zwischenbilanz dürfen wir sagen: Gott liebt den Menschen. Er will, daß es den Menschen gut geht. Gott vergibt die Sünde dem, der umkehrt. Jeder, der Vergebung seiner Sünde erlebt hat, darf Gott auch um Heilung für seinen Leib bitten. Psalm 103,1-5 besingt diese Wahrheit.

Die Verheißungen Gottes sind, daß er uns in Christus ein volles Heil erworben hat. *In der Bibel sind wir also „gesundgeschrieben"!* Wir haben in der Bibel die Verheißung auf ein ewiges, gutes und vollkommenes Leben. Manchmal müssen wir darauf warten, manchmal hart dafür kämpfen oder durch Schwierigkeiten gehen. In solchen Zeiten, die uns wie ein dunkles Tal erscheinen, haben wir Gottes Zusage, daß ER uns besonders nahe ist und Kraft zum Überwinden gibt. Wir wissen aus dem Wort Gottes, daß unser Glaube geprüft wird und diese Glaubensprüfungen vielfältige Dimensionen haben. Manchmal geschehen sie im geistlichen oder seelischen Bereich, manchmal kommen sie als körperliche Anfechtungen in Form von Krankheit. Ein andermal können es Verfolgung, Arbeitslosigkeit oder verschiedene Repressalien sein, die sich der Teufel ausgedacht hat, um uns von Gott zu trennen (man vergleiche Römer 8,31-39). Gott schaut zu, um zu sehen, ob wir ihn nur wie eine Art „Versicherung" benutzen wollen oder auch bereit sind, aus Liebe zu ihm zu stehen und uns trotz der Schwierigkeiten zu seinem Namen zu bekennen.

Der Herr ist willens und mächtig, ein Wunder für dich zu tun. Glaube ihm, bete zu ihm, rufe Jesus an. Brich mit der erkannten Sünde und vertraue dem Herrn; du mußt Heilung nicht verdienen, sondern sie ist Gottes freies Geschenk für dich. Wirf dein Vertrauen aber auch dann nicht weg, wenn du geprüft wirst und auf die Hilfe Gottes warten mußt. Vergiß nicht, in der Bibel bist du „gesundgeschrieben"! Eines Tages — und das ist die Hauptsache — werden wir hier unsere Augen schließen und sie im Reich Gottes neu auftun: Dann sind wir in einer neuen Welt und Umgebung, mit einem neuen Körper. Für diese Zeit sagt Gott: „Siehe, ich mache alles neu!" (Offenbarung 21,5). Da wird kein Leid, Geschrei, Angst oder Tod mehr sein. Das ist unsere Hoffnung. Dafür hat Jesus gelitten, das hat er uns erkauft, und das wird uns niemand rauben können!

Zu guter Letzt: Im Telegrammstil ...

✱ Gott, der Schöpfer Himmels und der Erde, kann heilen.
✱ Gott, der Vater, will heilen.
✱ Jesus Christus, Gottes Sohn, hat auf Golgatha Sündenvergebung und Heilung erkauft.
✱ Der Heilige Geist ist heute so wirksam wie seit Anbeginn der Welt.
✱ Jesus sagt: „Wenn ihr in mir bleibt und meine Worte in euch bleiben, dann sollt ihr bitten, um was ihr wollt, und es wird euch zuteil werden" (Johannes 15,7).
✱ Gott gibt gern.
✱ Der Teufel will uns keinen Segen Gottes gönnen, aber alles rauben und uns töten (Johannes 10,10a).
✱ Der Glaube kann oft ein beständiges, geduldiges Kämpfen und Warten sein (Jakobus 1,2-5).
✱ Man kann aber auch im Glauben sterben, ohne das Verheißene empfangen zu haben, weil diese Welt nicht unser Zuhause und Endziel ist (Hebräer 11,13-16).
✱ Es gibt eine „Eins" im Glaubenszeugnis trotz scheinbaren Mangels an Glaubenserfolg (Hebräer 11,39-40). Worauf es ankommt, ist, in Treue zu Gott und seinem Wort zu stehen, auch wenn Leib und Seele verschmachten.

Gottes Empfehlungen: Bitte, so wird dir gegeben (Lukas 11,9). Sei getreu bis in den Tod, so wirst du die Krone des ewigen Lebens empfangen (Offenbarung 2,10). Und wer beharrt bis ans Ende, der wird gerettet werden (Matthäus 24,13).

Erinnere dich auch: Unwürdiger Abendmahlsgenuß macht krank und bringt frühzeitigen Tod (1. Korinther 11,30). Umgekehrt bedeutet es: Würdige Abendmahlsteilnahme erhält gesund und heilt Krankheit. Bist du Glied einer biblischen Gemeinde, dann nutze vor allem den Dienst der Ältesten, die Fürbitte der Gemeinde und deren Geistesgabendienst. Sei ein regelmäßiger und würdiger Teilnehmer beim Abendmahl.

Und so mach' es praktisch:

Bitte den Vater im Namen Jesu. Bekenne und brich mit aller erkannten Übertretung. Rufe die Ältesten deiner Gemeinde zu dir (Jakobus 5,13-16), nicht alle Heiligen im Himmel und auf Erden.

Danke deinem Herrn für Errettung, Vergebung und Heilung.

Lies viel das Wort Gottes und höre auf die Stimme des Heiligen Geistes. Vertraue Gott und laß keine teuflische Fremd- oder Selbstverdammnis in deinem Herzen zu (vgl. Römer 8,33; 1. Joh. 3,20; Offenbarung 12,10).

Verändere Lebensgewohnheiten wie Nahrung, Kleidung, Beruf, wenn sie der Krankheitsgrund sind. Denke daran, daß dein Leib ein Tempel des Heiligen Geistes ist (1. Korinther 6,19)! Mache ihn nicht durch Überarbeitung und unausgeglichene Belastung kaputt, krank und tot. Ernähre dich richtig. Laß dich von Fachleuten beraten, wo deinem Körper Substanzen fehlen, die durch Medikamente ausgeglichen werden können. Laß dir von Ärzten eine Diagnose deiner Krankheit geben — um so besser kann man dann auch eine Heilung bezeugen und dokumentieren lassen.

Vertraue auf den Herrn, daß er alles wohl macht. Laß nicht Angst und Sorgen dein Herz gefangennehmen.

Habe Mut, für deine Gesundheit und für andere Kranke zu beten (Markus 16,17). Laß deine Bitte im Glauben, mit Dankbarkeit und Vertrauen vor Gott kommen. Und vergiß nie: *ER liebt dich!*

Die Abrechnung

Für uns Menschen ist es grundlegend wichtig, die Entscheidung zu treffen, wofür wir leben wollen. Willst du gewinnen? Oder setzt du auf Bewahrung? Ob das risikofrei ist . . .?

Ein Gleichnis Jesu soll uns bei dieser Entscheidung helfen. Es handelt sich um den Text Lukas 19,11-27. [34]

Der König	Jesus
. . . auf Auslandsreise	Jesus nach der Himmelfahrt
Die Knechte	Alle an Christus Gläubigen
Bürger des Landes	Die Weltmenschen
Die anvertrauten Pfunde (»Talente«, ein gewisser Geldbetrag)	Das neue Leben aus Gott, die Wiedergeburt
Die Rückkehr des Königs	Wiederkunft Jesu Christi
Die Abrechnung	Preisgericht Gottes

Sicherlich ist dieses Gleichnis gerade für unsere heutige Situation ein echtes Wort zur Stunde. Die Bürger unseres

34 Das ergänzende, parallele Gleichnis steht in Matthäus 25,14-30.

Landes wollen sich nicht unter die Herrschaft Jesu Christi stellen. Obwohl unser Volk offiziell noch immer zum »christlichen Abendland« gezählt wird, weigern sich seine Menschen, den Anspruch Gottes an ihr Leben zu erfüllen. Und was die tatsächlichen Christen angeht: Jesus läßt seine Leute weder damals noch heute in der Illusion, daß Christsein und Aktivitäten für Gott eine Kleinigkeit seien. Jedes echte Bekenntnis zu Jesus, jede Arbeit für ihn ist ein Kampf, eine geistliche Kriegsführung. Wir leben unter Mächten und Menschen, die Jesus nicht akzeptieren wollen und ihm feindselig gegenüberstehen.

Jesus möchte durch die Geschichte aber auch zeigen, daß uns die augenblickliche Situation nicht aufhalten oder gar abschrecken muß. Nein, wir sollen sie nutzen; denn unsere Zeit ist Same für die Ewigkeit und unser zeitliches Tun und Lassen entscheidend dafür, wie und wo wir die Ewigkeit verbringen werden. Mit welcher Hingabe, Liebe und Frucht wird uns die Wiederkunft Jesu antreffen, wie fällt die Abrechnung aus?

Ein dramatischer Höhepunkt ist das: Der König kommt wieder, und alle seine Feinde können es nicht verhindern! Er ist da und nimmt seine Regierung wieder auf. All seine Diener sind aufgefordert, Rechenschaft abzulegen. Sie müssen Bericht geben über das, was sie mit dem anvertrauten Kapital gemacht haben. Einer nach dem andern erscheint vor seinem Herrn. Voller Freude berichten sie: „Herr, dein Kapital hat neues Kapital gewonnen!" Jeder bekommt das Lob seines Herrn zu hören, egal, wieviel er gewonnen hat.

Zuletzt nähert sich noch einer, mit Ehrfurcht zwar, aber distanziert und mit Vorsicht. Feierlich öffnet er eine Kiste und sagt sinngemäß: „Hier ist dein Kapital, das du mir gegeben hast! Es war gar nicht so einfach zu bewahren. Ich lebe in einer schlechten Zeit und Umgebung, aber hier, Herr, ist dein Pfund! Immerhin ist mir gelungen, es ohne Verlust oder Schaden zurückzugeben!" Aufatmend legt er das Pfund zurück zum Eigentümer. Schön, das wäre auch geschafft. — Doch jetzt kommt die größte Enttäuschung. Alles, nur nicht das hatte er erwartet: Sein Herr nennt ihn einen Schalksknecht, läßt ihn verhaften und ruft: „Bindet ihm Hände und Füße und werft ihn hinaus, diesen bösen, unnützen Knecht!"

Und das, obwohl er das anvertraute Kapital bewahrt und zurückgegeben hat? Die Welt, die Umgebung, die böse Zeit haben ihn doch nicht berauben können, er ist doch durchgekommen bis an den Tag, da sein Herr wiederkam!? Er hat doch das Pfund sorgfältig bewacht — und jetzt? Was ihm niemand hat nehmen können, das nimmt ihm nun sein Herr, und er selbst ist ebenfalls verloren? Wie denn das??

Wir müssen und wollen daraus etwas lernen. Da das Gleichnis eine Situationsschilderung der letzten Zeit ist, enthält es eine ernste, wichtige Botschaft für uns. Fragen wir uns einmal selbst: Was wollen wir? Was sind unsere Ziele? Will ich nur bewahren, was ich irgendwann bekommen habe? Genügt es wirklich, nur zu behalten, was man hat? Reicht es, daß wir unseren Glauben »bewahren« und selbst eines Tages »unversehrt« und »gerettet« sind?

Diese Frage soll uns beschäftigen.

Um schon vorweg eine Antwort zu geben: Jener Mann hat wohl bewahrt und doch in der letzten Instanz alles verloren, sogar sich selbst.

Drei Ursachen gibt es, warum er alles verloren hat.

Der erste Fehler: Ein falsches Verhältnis zu seinem Herrn. Sein Glaubensbekenntnis hört sich nämlich so an: „Ich weiß, du bist ein harter Mann. Du nimmst, was du nicht hingelegt hast, und erntest, was du nicht gesät hast." Im Klartext: Er hält seinen Herrn für einen Tyrannen, einen herrschsüchtigen Machthaber. Natürlich dient man einem solchen Herrn nicht gern. Auf uns übertragen, heißt das: Viele sehen in Gott nur einen Richter, Rächer, Strafenden und Hölle und Gericht als seine Knüppel. Statt mit Liebe, Vertrauen und Freude füllt sich ihr Herz mit Angst und Schwermut. Viele Diener Gottes stehen in dieser falschen Beziehung zu ihrem Herrn. Sie haben wenig Liebe und kaum Freude oder Dankbarkeit über das, was ihnen Gott gegeben hat. Sie nutzen nicht die großartige Chance, das Evangelium weiterzugeben. Das anvertraute, gute Wort Gottes, das reichlich zur Verfügung steht, wird von ihnen nicht unter die Leute gebracht. Das Heil Gottes, die Liebe des himmlischen Vaters, der sehnsüchtig Ausschau hält nach seinen verlorenen Söhnen und Töchtern, haben sie nicht begriffen. Sie rufen die Verlorenen nicht nach Hause, versuchen nicht, die Rebellierenden aufzuklären und für den König aller Könige, Jesus Christus, zurückzugewinnen.

Alle Rebellion geht ja von dem Erz-Terroristen Satan aus, der mit falschen Nachrichten, Verdächtigungen und Verleumdung Unheil stiftet. Er, der Teufel, hat seit dem Paradies die Falschmeldung in die Welt gesetzt, Gott sei hart und lieblos, kleinlich und despotisch. Leider sind sogar zahlreiche Diener Gottes von dieser höllischen, satanischen Desinformation und Kriegsführung befallen. Daß sie Diener dieses Königs sein dürfen, ist solchen Menschen keine Freude, sondern eher ein Schicksalsschlag und eine Last: Warum muß auch gerade ich fromm sein? Warum bin ich im gläubigen Elternhaus geboren? Wieso bin ich überhaupt zu den Bekehrten geraten? Wie konnte es passieren, daß ich jetzt Gott zu dienen habe, während andere unbeschwert drauflosleben? — Nur weil sie halt schon fromm sind, wollen sie es dann auch bleiben, aber eben so trübsinnig, langweilig und ernst, wie sie Gott verstehen. Gott ist für sie der »Mächtige in Schwarz«, der »Rächer vom feuerspeienden Berg Horeb«, sein Wort und Gesetz in Stein gemeißelt, bestehend aus Gebot und Verbot. Und davon darf kein Zacken verlorengehen.

Sie haben vergessen, daß — Preis sei dem Herrn! — auf Golgatha das Gerichtsfeuer vom Sinai gelöscht wurde, daß Blitz, Donner, Feuer und Rauchdampf unseren Herrn Jesus trafen, der der Freund der Sünder geworden ist und sie alle gerettet sehen will. Diese Diener Gottes meinen, sie müßten Gottes Kapital bewahren, als wenn Gott oder irgend etwas, was er uns gegeben hat, von unserer Bewahrung abhängig wäre. Dabei hat es Kraft in sich selbst zur Bewahrung und, mehr als das, zur Vermehrung!

Evangelium heißt »Frohe Botschaft«, deshalb höre auf mit der düsteren, drohenden, furchteinflößenden Botschaft: „Gott wird fordern, Gott wird haben wollen...!"

Die übrigen Knechte gingen hinaus, teilten fröhlich das ihnen anvertraute Kapital an die Leute aus und stellten fest: Die brauchen es, sie wollen es auch haben! Da wurden sie froh. Sie merkten, wie das, was ihnen der Herr gab, Kraft hatte, sich zu vermehren. Sie erlebten, daß die anvertrauten Gaben Freude bereiteten und Hilfe für die Mitmenschen waren. Im Weitergeben wurden sie ein Segen für die Menschen, die dadurch Leben, Nahrung, Kleidung, Freiheit empfingen. Gleichzeitig wurden sie als Gebende selbst reich gesegnet.

Der andere Knecht hingegen hat nur darauf gesonnen: »Wie kann ich mein Pfund unversehrt bewahren, so daß es nicht Unheiligen in die Hände fällt? Niemand soll es beschädigen, mißverstehen, lächerlich machen oder respektlos behandeln!« Er sah in seinen Mitmenschen nur Feinde, Zerstörer des kostbaren Kapitals. So handelte er auch und wollte nur bewahren; die Personen waren ihm gleichgültig. Wie gesagt, das Verhältnis zu seinem Herrn war übel. Er kannte seinen Herrn nicht richtig, auch wenn er gerade das behauptet. Dieser Mann wollte nicht begreifen, daß das anvertraute Pfund zwar verwaltet, aber nicht im Banksafe deponiert werden sollte. Es war für die Leute bestimmt! Sie brauchten das Kapital, und außerdem vermehrte es sich dadurch.

Die falsche Beziehung zu seinem Herrn war auch die Ursache für den nächsten Fehler.

Der zweite Fehler: »Ich fürchtete mich...« Gottes Grundgebot lautet: „Du sollst (darfst!) Gott, deinen Herrn, lieben!" Er aber fürchtete sich vor ihm und diente ihm nicht. Er dachte sich wohl: »Bevor ich etwas falsch mache, tue ich lieber gar nichts!« Vielleicht gab es schon damals Sprichwörter wie diese: „Wer schläft, sündigt nicht!" und: „Reden ist Silber, Schweigen ist Gold!" Oder er dachte: »Ich bin so unwürdig, ohne Vollmacht, unfertig, noch nicht ausreichend geheilt und zugerüstet, wie könnte Gott mich gebrauchen?« und dann: »Ich muß mich noch mehr heiligen, demütigen und zurückziehen, ehe ich Gott dienen kann, ... ich bin zu schwach, gering und klein, ... ich fürchte mich...!«

Gelingt es dem Feind, daß wir uns selbst so übel einschätzen, dann wird es ihm auch gelingen, in unser Herz nicht nur Minderwertigkeitsgefühle zu legen, sondern auch eine falsche Beziehung zum Nächsten. Furcht ist eine lähmende Kraft, und Angst vor Gott macht uns nicht aktiv, sondern eher »radioaktiv«. Mit Angst werden wir nie zum Segen. Schau doch nicht auf das, was Gott fordern wird, sondern darauf, was er dir gegeben hat!

Gott hat dir etwas gegeben, das neue Leben! Allein schon dies ehrt dich. Es ist Gottes Würdigung an dich, daß er Vertrauen zu dir hat. In Gottes Augen bist du würdig und wertvoll. Er liebt dich. Liebe ihn, danke ihm, diene ihm mit Freuden. Bedenke, durch Jesus Christus sind wir Geliebte, Gerechtfertigte und Berufene, durch ihn sind wir Diener, die Gott überreich beschenkt hat!

Sein dritter Fehler: Sucht nach Sicherheit. Er suchte einen sicheren Platz, ging hin und verbarg das ihm anvertraute Pfund. Er wollte halten, was er hatte. Er wollte sich nicht berauben lassen. Er wollte am Tag der Abrechnung zurückgeben, was er bekommen hatte. In ihm war eine Sucht nach Sicherheit. Wir kennen doch alle jenes Motto: »Sicher ist sicher! Bewahren ist wichtiger als Gewinnen! Der Spatz in der Hand ist besser als die Taube auf dem Dach! Was man hat, das hat man, was kommt, ist ungewiß!« Dieser Einstellung folgte er mit großer Intensität. Es wird nämlich berichtet, daß er mit Furcht, Schweiß und viel Energie darüber wachte, zu behalten, was er bekommen hatte. Aber er war berufen, nicht nur zu behalten, sondern zu gewinnen. Kurz gesagt: Nur was der Mensch sät, kann er auch ernten. So lehrt uns Gottes Wort in Galater 6,7.

Zum Gewinnen berufen

Der Herr hat uns berufen, die Menschheit zu gewinnen. Er hat uns einen Missionsbefehl gegeben, daß wir hingehen und der ganzen Welt das Evangelium weitersagen. Lieber Freund, wie siehst du die Welt?

Ich hörte einmal folgende Geschichte: Eine schwedische Firma hatte zwei Vertreter nach Afrika geschickt. Sie sollten erforschen, ob man in Afrika Schuhe verkaufen könne. Der eine schrieb in seinem Bericht: „Stoppt die Export-Vorbereitungen! Die Leute hier laufen von jeher barfuß — es ist zwecklos, etwas zu investieren." Der andere schickte ein begeistertes Telegramm nach Hause: „Hier riesiger Markt für uns — Menschen laufen barfuß — alle brauchen Schuhe!"

Wie siehst du die Welt? Ist sie in deinen Augen nur schlecht und will sowieso nichts von Gott wissen, haben die Menschen ihre Religion und alten Gewohnheiten, wollen sie das Evangelium nicht? — Oder siehst du es so: „Sie kennen das Evangelium nur nicht, sie müssen unbedingt das Wort Gottes, das wir von Gott empfangen haben, kennenlernen! Ich muß es zu ihnen bringen!"

Gott sei's geklagt, da sind zu viele Christen, die in ständiger Angst vor Verlust leben, da sie nie Vertrauen haben, etwas gewinnen zu können. Wenn es um Evangelisation und Mission geht, fragen sie immer: Wer soll das bezahlen? Wer wird die Arbeit machen? Wer kann die Neubekehrten betreuen? O, es gibt bei vielen die Sucht nach Sicherheit. Wie viele Gemeinden, Versammlungen, Hauskreise sitzen Jahre oder gar Jahrzehnte und bewahren, konservieren ihren kleinen Hauskreis, ihre feine, nette Gemeinde, wo man sich so gut kennt und von allen die Geburtstage weiß, wo man wie eine Familie zusammen ist und sich so »bewahrt«. — Wir leben aber in einer Zeit, wo Gott uns einen weltweiten Auftrag gegeben hat, daß wir die Nationen gewinnen sollen! Es gilt, die Welt für Jesus zu gewinnen! Jesus hat uns gelehrt zu beten: „Dein Reich komme!" Er hat uns gelehrt zu kämpfen, zu beten, zu arbeiten, bis er kommt. Nicht so lange, bis Schwierigkeit, Verfolgung oder Müdigkeit kommt — nein, bis ER kommt! Für Schwierigkeiten, Probleme und Müdigkeit ist nämlich der Heilige Geist mit seiner Kraft zuständig.

Ich kannte einen Prediger, der es richtig machte: Als es einmal um eine große Evangelisation in seiner Stadt ging und niemand die hohen Kosten zahlen konnte (oder wollte), nahm er im Gottvertrauen eine Bürgschaft auf sein Haus, um die Kosten zu decken. Mancher Gläubige war entsetzt über solchen »Leichtsinn«. Doch als die Evangelisation zu Ende war, war alles bezahlt und aus einem Hauskreis von 30—40 Personen eine Gemeinde mit 300 Leuten geworden.

Es ist so wichtig, daß wir etwas für Gott wagen, unsere Zeit und Kraft investieren, in dieser letzten Zeit nicht auf falsche Sicherheiten setzen, sondern im Aufblick und Auftrag unseres Herrn eine verlorene Welt gewinnen wollen. Da gilt es zu verzichten, etwas dranzusetzen. Nicht nur Zeit und Kraft, sondern auch Sicherheit.

Was ist nun das anvertraute Kapital (Pfund)?

Für mich ist es das Wunder der Wiedergeburt, dieses überragende Geschenk Gottes, welches uns gratis, ohne Verdienst, anvertraut wurde. Dadurch sind wir neu geworden — und Neues spricht für sich selbst. Man braucht kein Preisschild am Kleid zu lassen; wenn man es unter Freunden zum erstenmal anzieht, sagen alle: „Ach, wie schön, schon wieder (oder endlich) was Neues!" Stimmt's? Ebenso gilt das für ein neues Auto, die neuen Möbel, die neue Tapete; und sogar die neue Frisur fällt auf und wird bestaunt, oder?

Wieviel mehr das neue Leben aus Gott!!

Man kann das neue Kleid in den Schrank hängen und verbergen; das neue Auto kann man in der Garage abstellen, so daß es keiner sieht und neidisch wird. Oder aber man benutzt es, zeigt es, freut sich. So will es Gott: Zeige dein neues Leben, lebe es in Aufrichtigkeit, natürlich, fröhlich, unbefangen! Bekenne, daß du die neuen Eigenschaften und positiven Veränderungen in deinem Leben und in der Familie von Jesus erhalten hast! Bringe es unter die Leute, was Gott für dich getan hat! Gewiß wird es Spott und Anfeindungen geben, aber auch echtes Interesse und das Verlangen, selbst auch so etwas zu bekommen.

Das sind dann die Gewinne, die der Gläubige mit Gottes Kapital und für Gott macht: Menschen, die dem Reich Gottes hinzugewonnen werden! Von denen aber, die sich trotz deines Zeugnisses nicht bekehren, wird der Herr einmal Rechenschaft fordern. Folge jedenfalls nicht dem Beispiel des schlechten Knechtes. Versteck' dich nicht als Christ. Laß dein helles Licht — »Ich gehöre Jesus!« — jedermann mit Freundlichkeit, Weisheit und Liebe sichtbar werden. Sei ohne Menschenfurcht und falsche Scham. Du kannst nicht verlieren! Jesus beruft seine Gläubigen zu Nachfolgern, nicht zu Nachschleichern.

Das neue Leben aus Gott wirkt und gewinnt!

Ein mir bekanntes junges Mädchen arbeitete als Haushaltshilfe bei einer feinen Dame. Sehr bald kam die Hausfrau auf das Mädchen zu: ,,Ach, bitte setzen Sie sich einmal! Ich weiß, es ist Ihre Arbeitszeit, aber ich zahle sie Ihnen auch. Sagen Sie mir doch, was sind Sie für ein Mensch? Ich hatte schon viele Hilfen, aber Sie sind etwas Besonderes. Sie haben etwas . . ., was ist das?'' Die junge Christin war in der Öffentlichkeit sehr scheu und Fremden gegenüber nur wenig beredt. Soviel aber konnte sie sagen: ,,Ich bin Christ. Ich habe mein Leben Gott geschenkt, und er hat mich neu gemacht.'' Schüchtern erzählte sie noch etwas, war aber bald mit ihrem Redefluß am Ende, sie konnte auch nicht alle Fragen beantworten. ,,Ach, wissen Sie'', schlug sie vor, ,,lassen Sie meinen Vater kommen, der kann Ihnen sicher mehr erklären.'' Dieses junge Mädchen war also kein Redechrist. Doch ihr neues Leben — nennen wir es »das anvertraute Pfund« — hatte sie unter die Leute gebracht, sichtbar werden lassen. Und es brachte Zinsen, wirkte Frucht.

Ich glaube, in der Ewigkeit wird es eine riesengroße Schar von Geschwistern geben, die durch diese Art Evangelisation gewonnen wurden. — Wer daneben auch noch befähigt ist zu reden, mit feinen Worten und guten Argumenten Jesus zu bezeugen, ist dann vielleicht derjenige, der »mit einem Pfund zehn neue« gewinnt. Auf jeden Fall aber gilt: Nicht, wieviel jeder gewonnen hat, ist ausschlaggebend, sondern daß er gewonnen hat, wird gelobt und belohnt. Nur der »Selbstbewahrer« verliert.

Unser Herr kommt

Er hat gesiegt und bleibt siegreich! In der ganzen Welt wächst die Gemeinde Jesu. Millionen Diener Gottes sind eifrig in der Seelengewinnung. Auch wir, du und ich, wollen ihm fröhlich unseren »Gewinn« heimbringen. Ich bin gewiß, wir werden reichlich Frucht haben; denn das »Kapital«, das der Herr in der Wiedergeburt gegeben hat, ist der Heilige Geist mit seiner überwindenden, schöpferischen Gotteskraft. Er in uns — so können wir für Jesus »wirken, bis ER wiederkommt«.

JESUS CHRISTUS,
wer ist ER?

Kreuze in den verschiedensten Formen, liebliche kleine Kapellen, schöne Kirchen, mächtige Dome – Weihnachten, Ostern, Pfingsten, das alles gehört zu unserem Leben, das wir reichlich genießen.

Haben Sie sich schon gefragt, lieber Leser, warum das Kreuzeszeichen in unserem Land steht, weshalb wir tagelang als ganzes Volk diese Feste feiern? Wir schreiben gedankenlos oder auch bewußt ein Datum, nennen eine Jahreszahl 1988 – 89 – 90, warum?

Alles begann mit
Jesus Christus!

Er ist wirklich geboren. Seinen Geburtsort BETHLEHEM gibt es noch heute. Hier auf dieser Erde hat er gelebt, in Nazareth, einer Stadt in Israel, die noch heute existiert. Hier ist die ganze Wahrheit.

Seine Menschwerdung begann zu der Zeit, als der römische Kaiser Augustus in Rom regierte (27 vor Christus bis 14 nach Christus). Damals war Kyrenius der Statthalter von Israel. Jesu Geburt scheint mysteriös, von einer Jungfrau? Doch jeder, der heute an die medizinische Befruchtung glaubt, sollte in Betracht ziehen können, daß der Schöpfer des Lebens wohl Möglichkeiten hat, den normalen Zeugungsvorgang zu durchbrechen. *Jesus wurde in eine Arbeiterfamilie hineingeboren. Sein Pflegevater war Zimmermann.*

Kurz nach der Geburt mußte die Familie gerade wegen ihres Neugeborenen fliehen. Herodes, der König Israels von Roms Gnaden, fürchtete um seinen Thron. Täglich wurden in Israel kleine Knaben geboren, warum fürchtete er diesen Jungen so sehr, daß er ein Gemetzel an Kleinkindern anordnete? Derweil lebte Jesus mit seiner Familie als Jude in Ägypten. Er lernte am eigenen Leibe, was es heißt, Asylant, Flüchtling im fremden Land, mit fremder Religion zu sein. Zurückgekehrt nach Israel, wohnten sie in Nazareth. Der junge Mann erlernte den Beruf des Vaters und erlebte bei der Ausübung desselben die rauhen Sitten der diversen Baustellen.

Ein Mensch wie wir – und doch anders!

Er war ein Mensch – kein »Supermann«.

Er ging seiner Arbeit nach, lernte Lesen und Schreiben in einer Synagoge und wurde von jedermann in seiner Vaterstadt gelobt. Er wurde versucht wie jeder andere Mensch, aber er blieb ohne Sünde.

»Wie das?« fragen Sie. Er war neben seinem Beruf und den Alltagspflichten ein Mensch des Gebets. Regelmäßig ging er zum Gottesdienst, das war seine Gewohnheit. Er studierte das Wort Gottes, unser heutiges Altes Testament in der Bibel.

Daraus floß im so viel Kraft zu, daß er mit allen Versuchungen fertig wurde.

Als Dreißigjähriger begann Jesus seinen Predigtdienst durch die öffentliche Taufe im Jordan, die umgehend Konflikte auslöste. Die herrschenden, religiösen Führer fühlten sich angegriffen und bedroht. Das Volk liebte Jesus, die Unterprivilegierten und die diversen Randgruppen sowie viele angesehene Leute fühlten sich bei ihm angenommen und verstanden. Seine Ansprachen waren verständlich und hilfreich.

Kraftwirkungen Gottes wurden sichtbar:

Dämonisch Besessene, okkult Belastete und chronisch Kranke wurden geheilt. Sogar Wunder an Blinden, Gelähmten und Aussätzigen geschahen.

Die jüdische Geistlichkeit spürte: Dieser Mann ist mehr als ein gewöhnlicher Rabbi. Anstatt ihm zu folgen, begannen sie mit Intrigen und bemühten sich, das Volk für sich zurückzugewinnen. Er hatte den Mut, sich seinen Feinden zu stellen und zu fragen: »Wer kann mir eine Sünde nachsagen?« Seine Feinde verstummten. Niemand rief: »He, du schuldest mir Geld!« – »Du hast mir schlechte

Möbel gezimmert.« – »Deine Fenster und Türen, die du geliefert hast, sind Pfusch.« Auch die jungen Frauen schwiegen, keine konnte ihm Unmoral oder sittliches Fehlverhalten vorwerfen.

Von Pilatus gerecht gesprochen!

Als Jesus trotzdem durch Verrat und Intrigen verhaftet wurde und man ihm den Prozeß machte, gab es eine Sensation.

Herodes, der König, konnte ihn nicht schuldig sprechen, obwohl damals ein Mensch schnell verurteilt wurde. Pilatus, der römische Staatsmann, gelernter Jurist, wollte vielleicht zunächst nur pro forma in der Angelegenheit zum Schein die gerechte Gerichtsbarkeit der Römer demonstrieren. Er fand heraus: Alle Ankläger sind »gekauft«, die Zeugen bestellt, alle Beschuldigungen nicht stichhaltig. So sprach er Jesus nicht nur einfach frei. Er ließ ihn auch nicht einfach laufen, nein, öffentlich, in einem feierlichen Zeremoniell vor den Anklägern Jesu sprach er das Urteil:

Ich finde keine Schuld an diesem Gerechten.

Das war die Sensation: Jesus, nicht nur frei, sondern sogar gerecht gesprochen, wird trotzdem zur Befriedigung des Volksbegehrens und als politischer Preis aus Solidarität mit den religiösen Führern zur Geißelung und Kreuzigung freigegeben.

Pilatus, ein Vollzugsgehilfe Gottes;

daß er nur das war, ahnte er nicht. Nach Gottes Heiligkeit und Gerechtigkeit muß der Sünder sterben. Aber nach Gottes Liebe stirbt Gott als Stellvertreter für den Sünder selbst. Jesus ist Gott, von Ewigkeit Gott, der aus Liebe zu uns Menschen selber Mensch werden mußte, um uns Menschen helfen zu können. Gott mußte selber Fleisch und Blut haben, um zu wissen, was Versuchung ist. Er mußte aber auch ohne eigene Sünde bleiben, sonst konnte er nicht die Schuld der anderen sühnen.

Jesus am Kreuz

Endlich hatten seine Feinde ihn dort, wohin sie ihn bringen wollten. Ganz Jerusalem war zu diesem »Spektakel«, wie sie es nannten, auf den Beinen draußen vor der Stadt. Jetzt hatten sie die Möglichkeit, ihren »Sieg« zu genießen. Aber was tun sie? Indem die Schriftgelehrten und Pharisäer Jesus angeblich verspotten, bringen sie ihm das höchste Lob. Liebe Leser, denken Sie bitte mit. Dort hängt Jesus, angeblich ein Schuldiger, ein zum Tode Verurteilter. Was hat er verbrochen? Wie kann man diese Todesstrafe begründen? Absolut nichts fällt ihnen ein, als zu rufen:

»Andern hat er geholfen!«

Damit würde ich gerne sterben, wenn meine Freunde über mein Leben solch eine Aussage machen können. Bei Jesus riefen es ihm sogar seine Todfeinde nach:

»Andern hat er geholfen.«

Die ihm zur Verfügung stehende Macht hat er nicht zu seinem Nutzen gebraucht.

Er war für andere da, hat ihnen geholfen. Übrigens auch mir. Gott hat nämlich Jesus aus dem Tode errettet, ihn zu neuem leiblichem Leben gebracht!

Jesus Christus hat nie ein Heer befehligt und doch die ganze Welt gewonnen. Weil er ohne Sünde war, kann er Sünden vergeben. Sein Name wurde oft mißbraucht und Greueltaten in seinem Namen verübt; und zwar von Menschen, die sich seine Diener nannten, um ihn zu diskreditieren. Jesus wurde unbändig gehaßt. Jesus wurde verspottet, verboten, und immer wieder versuchte man ihn auszurotten.

Er lebt und wird weiterleben!

Wenn jemand Dreck gegen die Sonne wirft, scheint sie trotzdem weiter. Der Schmutz fällt nur auf den Werfer zurück.

Jesus ist heute erlebbar, lernen Sie ihn kennen. Wie?

1. Lesen Sie das Neue Testament, in jeder guten Buchhandlung erhältlich. (Nach wie vor der Bestseller auf dem weltweiten Büchermarkt.)
2. Beten Sie zu Jesus, er hört und erhört Sie.
3. Nehmen Sie Kontakt auf zu den Christen, die Ihnen dieses Traktat überreicht haben.

Abrüstung

Ja bitte – aber persönlich!

Wer einen gesalbten Gang wünscht, muß bereit sein, in „Fettnäpfchen" zu treten. Daher meldet sich der Autor wieder zu Wort. Waldemar Sardaczuk, Jahrgang 35, verheiratet, zwei Töchter und schon Opa, packt im vorliegenden Buch ein wahrhaft lebensentscheidendes Thema an.

Die Wehrdienstfrage
Gesetz — Gehorsam — Widerstand
Abrüstung ganz persönlich
Friede und Blutvergießen

Der Autor will biblische Signale setzen: Was ist wirklich mit Unterordnung unter die Obrigkeit gemeint? Darf ein Christ alles tun, was die Mehrheit billigt? Muß er alles lassen, was ein Staat verbietet? Eltern, Erzieher und Pastoren, die junge Menschen gern bei Kleidung, Musik, Beruf oder Partnerschaft beraten, dürfen hier nicht schweigen. Täuschen wir uns nicht: Es knistert! Entgegen allem Friedensrummel nehmen geübte Augen das furiose Finale unserer Epoche wahr. Christus oder Antichristus, das ist hier die Frage! Auf welcher Seite man steht, beantwortet sich nicht erst morgen. kjg

P.S.
Die rasanten politischen Ereignisse haben uns kurz vor Druck schier überrollt: Was die Nato nicht erzwingen und der Warschauer Pakt nicht verhindern konnte, bewirkte gewaltfreier Widerstand! Dies ist zwar noch nicht der Friede, den wir meinen. Aber gibt es einen aktuelleren Kommentar zu unserem Buch?

DM 12,80

 LITERATURDIENST
D-6478 NIDDA 1
Coproduktion: Verlag C. M. Fliß
2000 Hamburg 61
ISBN 3-922349-57-9